여기는 모두섬
문화를 배웁니다

여기는 모두섬
문화를 배웁니다

이창숙 글 | 국민지 그림 | 박현희 감수

천개의바람

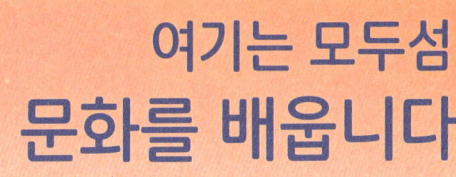

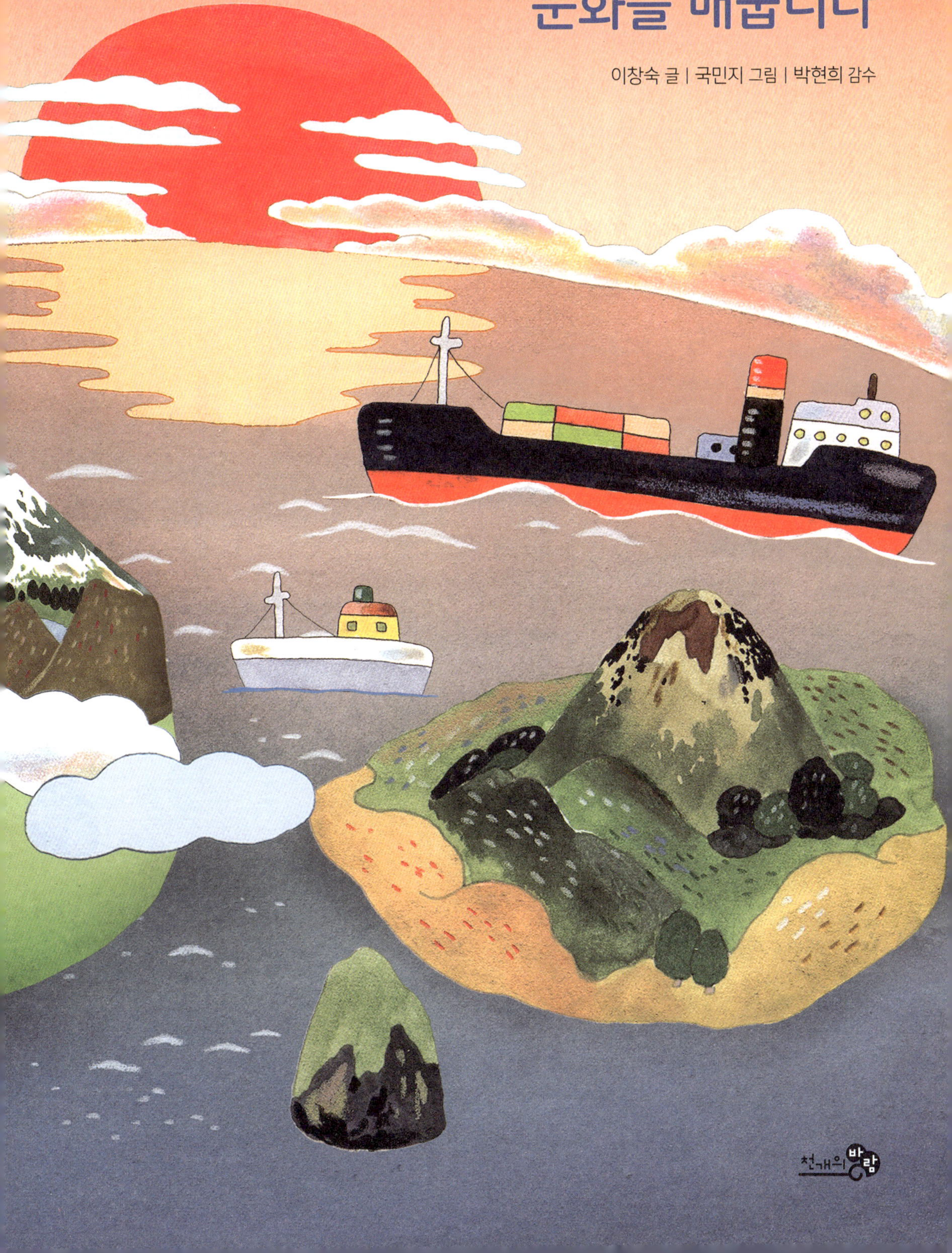

차례

1장 우리 집이 최고야! — 008
똑똑똑 문화 세계의 다양한 집 — 020

2장 삼겹살을 안 먹는다고? — 022
똑똑똑 문화 세계의 음식 — 030

3장 문화가 달라요 — 032
똑똑똑 문화 세계의 다문화 — 041

4장 다양한 종교가 있어요 — 042
똑똑똑 문화 세계의 종교 — 052

5장 두근두근 행복한 결혼식 — 054
똑똑똑 문화 세계의 결혼 문화 — 064

6장 좋은 문화와 나쁜 문화 066
똑똑똑 문화 › 세계의 인사법 074

7장 문화는 끊임없이 흘러요 076
똑똑똑 문화 › 문화의 속성 084

8장 자스민 할머니와의 작별 086
똑똑똑 문화 › 문화유산이 된 세계의 무덤 094

9장 모두가 즐거운 놀이 096
똑똑똑 문화 › 세계의 전통 놀이 104

10장 신나는 축제를 즐겨요 106
똑똑똑 문화 › 세계의 축제 118

추천의 글 120
여기는 모두섬 문화 용어를 배웁니다 121

끝없이 펼쳐진 푸른 바다, 그 한가운데 아름답고 신비로운 섬, 모두섬이 있습니다.
모두섬은 동서남북 기후가 모두 다른 섬이에요.
세계 각국의 사람이 모여 살고 있지요.
모두 잘 지내려면 서로의 문화를 아는 게 첫걸음이겠지요?

1장
우리 집이 최고야!

집은 사람이 살거나 활동할 수 있도록 지은 건축물이에요.
옛날부터 사람들은 어떤 집이 편리할까 궁리하며
문화와 환경에 따라 제각기 다른 모습의 집을 만들었어요.

맑음이는 모두국제학교에 다녀요. 모두섬에 사는 아이들이라면 모두 모두국제학교에 다니지요. 모두섬이 세상에 알려진 건 5년밖에 되지 않았어요. 모험을 좋아하는 사람들, 새로운 땅에서 새로운 생활을 시작하고 싶은 사람들, 계속된 전쟁에 지쳐 평화롭고 안전하게 살고 싶은 사람들이 모두섬으로 모여들었어요.

맑음이는 아시아의 동쪽에 있는 대한민국에서 왔어요. 맑음이와 같은 반 친구로는 시리아에서 온 알리, 태국에서 온 수끼, 중국에서 온 마오, 캐나다의 그린란드에서 온 유카가 있어요. 맑음이는 오늘 친구들에게 전해 줄 소식이 있어 아침도 먹는 둥 마는 둥, 한달음에 학교로 달려갔어요. 맑음이가 교실 문을 열고 소리쳤어요.

"우리 울산 할머니 할아버지가 모두섬으로 이사 오신대!"

"정말? 좋겠다. 늘 보고 싶어 했잖아."

맑음이의 울산 할머니 할아버지는 두 분 모두 경찰로 일하다 얼마 전에 퇴직하셨어요. 할머니 할아버지는 자식이 맑음이 엄마밖에 없으니 은퇴하면 모두섬으로 올 거라고 입버릇처럼 말씀하셨지요. 친구들은 두 분이 언제 이사 오시는 거냐고 물었어요.

"아직 정해지지 않았어. 이번 주 토요일에 어디서 살면 좋을지 미리 둘러보신대. 두 분이 어떤 집에 살면 좋을까?"

"한국에서는 어디에 사셨는데?"

마오가 물었어요.

"아파트에 사셨어. 모두섬에 다양한 집이 많다고 자랑했더니 기대가 아주 크셔."

친구들은 자기가 사는 집을 추천하기 시작했어요. 다른 친구 집보다 자기 집이 좋다고 뽐내다가 싸울 지경이었어요.

이야기를 듣고 있던 맑음이네 반 담임 선생님인 사시나 선생님이 말했어요.

"그럼 이번 주 토요일에 맑음이 할머니 할아버지와 함께 섬의 여러 집을 다 같이 돌아볼까?"

"좋아요."

아이들이 모두 신나게 대답했어요.

맑음이 할머니 할아버지가 모두섬에 도착했어요.

"이렇게 같이 애써 줘서 고마워요."

맑음이 할머니가 사시나 선생님과 맑음이의 친구들에게 인사했어요.

가장 먼저 남쪽 마을 수끼네 집에 가기로 했어요. 버스를 타고 한참 달려 도착한 수끼의 집은 수상 가옥이었어요.

"와, 물 위에 집을 지은 거야? 멋지다!"

친구들이 수상 가옥을 보고 감탄했어요. 바닥을 물에서 높이 띄워 여러 개의 말뚝 위에 지은 집은 지붕이 높고 문과 창문이 컸어요. 수상 가옥은 비가 많이 와도 물에 잠길 염려가 없대요. 집에서 낚시를 하고 더울 땐 바로 바다에 뛰어들어 수영을 할 수 있다고 수끼가 자랑했어요.

집 안에 들어서자 널찍한 창으로 시원한 바람이 솔솔 불어 들어왔어요. 수끼의 부모님이 과일과 차를 내왔어요. 사시나 선생

님이 말했어요.

"모두섬 남쪽처럼 비가 많이 오고 더운 열대 우림 지역에서는 땅에서 올라오는 열기와 습기를 막기 위해 고상 가옥을 지어 살아요. 집의 바닥을 땅에서 높이 띄워 짓는 거예요. 수상 가옥 역시 고상 가옥의 또 다른 형태예요."

수끼네 집에서 나오며 맑음이는 할머니 할아버지께 수상 가옥이 어땠는지 물어봤어요. 할아버지가 꼭 배를 타고 있는 것 같아서 조금 어지러웠다고 하셨어요.

다음으로 북쪽 마을에 사는 유카의 집으로 갔어요. 추운 곳이어서 모두 두꺼운 옷을 껴입었어요. 유카의 집은 얼음으로 지은 이글루였어요. 유카는 아파트에 있는 집과 이글루를 왔다 갔다 하며 산대요.

"어서 들어오세요."

유카의 부모님이 기다리고 있었어요.

"우아, 집이 따뜻하네요."

이글루의 입구는 바람이 부는 반대쪽에 있었는데 바닥이 집 밖의 땅보다 살짝 낮았어요. 바깥의 찬 공기가 집 안의 따뜻한 공기에 밀려 안으로 들어오지 못하도록 이렇게 입구를 낮게 파는 거래요. 따뜻한 공기는 위로 올라가고 찬 공기는 아래에 깔

리니까요.

 집으로 들어간 사람들은 깜짝 놀랐어요. 얼음집 한가운데에 불이 활활 타오르는 난로가 있었거든요. 모두 두꺼운 외투를 벗었어요.

"손님이 온다고 해서 불을 좀 피웠어요."

"그러면 얼음이 녹지 않아요?"

알리가 묻자 유카가 웃으며 대답했어요.

"이글루 안 벽이 녹아 이슬이 맺히면 문을 열어 찬 바람이 들어오게 해. 녹았던 얼음 벽이 다시 얼면서 얼음 사이에 빈틈이 없이 꽁꽁 얼어 오히려 더 따뜻해져."

친구들이 감탄했어요.

"물론 집 안이 너무 따뜻하면 얼음이 녹겠지. 하지만 우리 이누이트는 적당하게 온도를 조절할 줄 알아. 따로 난방을 하지 않아도 이글루는 보통 0℃ 정도로 온도가 유지돼."

이글루 안에 카펫을 깔아서 바닥의 냉기를 막고 안에서 밥도 지어 먹는대요. 사람들은 이글루가 정말 지혜롭고 과학적이라며 감탄했어요.

맑음이 할아버지는 이글루를 무척 신기해 했어요. 집 안 곳곳을 살펴보고 밖에 나와서 얼음집을 빙빙 돌며 살펴봤지요. 그런데 할머니가 조금 불편해 보였어요.

"얼음집이라 좀 추워요. 나이가 들어서 아무래도 따끈따끈한 집이 좋겠어요."

할아버지가 할머니 말에 고개를 끄덕였어요.

다음 차례는 마오의 집이었어요.

"우리 집을 보면 아마 다들 깜짝 놀랄 거예요. 기대하세요."

서쪽으로 한참 달리자 높고 둥근 흙벽이 나왔어요. 3층까지는 창문이 없고, 4층, 5층 높이에 작은 구멍이 드문드문 나 있었어요.
"집이 엄청 커! 대문이 도대체 어디에 있는 거지?"
친구들이 문을 찾아 흙벽을 따라 돌았어요.
"우리 집은 토루라고 부르는 중국 하카의 전통 가옥이야. 아파

트처럼 여러 가족이 모여 사는 집이지. 토루에는 수십 개의 방이 있어서 삼백 명 정도까지 함께 살 수 있어. 위에서 내려다보면 가운데가 뻥 뚫린 원통 모양의 집이야."

마오가 설명했어요. 하카는 주로 중국 남부 푸젠성과 광둥성에 사는 민족이래요. 어느 나라에 머물든 하카 연합체를 만들 만큼 단결력이 강하대요. 지금 아시아 전역에 퍼진 화교 중에 하카가 많다고 해요.

"벽을 이렇게 높이 쌓으면 뜨거운 햇빛을 피할 수 있어. 안쪽에 그늘이 많이 생겨서 시원하거든. 또 적의 침입을 막는 데에도 좋지. 토루 안마당에는 우물이나 식량 창고 등 모두 같이 사용하는 시설이 있어."

"자, 그럼 왜 이렇게 사람들은 서로 다른 집을 짓고 살았을까요?"

사시나 선생님의 질문에 아이들이 손을 들고 대답했어요.

"음, 자연환경이 달라서요. 집 지을 재료가 다 달랐을 거 같아요."

"역사가 달라서요. 다른 나라의 침략을 당한 역사가 있으면 집을 좀 더 튼튼하게 지을 것 같아요."

"생각이 달라서요. 아름다움에 대한 기준이 다 다르잖아요."

아이들이 대답할 때마다 사시나 선생님은 고개를 끄덕였어요.

"맞아요. 사람들은 각각의 환경에 적응하면서 독특한 집을 짓고 살아왔어요. 각 문화에 따라 집이 다르다고 봐야겠죠?"

선생님의 얘기가 끝나자 토루의 대문이 나왔어요. 사람들이 1층 마당에 모여 앉아 밥을 먹고 있었어요.

마오의 이웃들이 같이 밥을 먹자고 불렀어요. 수끼의 배에서 꼬르륵 소리가 났어요. 알리는 저도 모르게 침을 꼴깍 삼켰지요. 맑음이 할머니가 점잖게 거절하며 말했어요.

"어느새 저녁 먹을 때가 되었군요! 어떤 집으로 이사할지는 잘 상의해서 천천히 결정하도록 하겠습니다. 오늘 애써 준 선생님과 맑음이 친구들에게 저희가 저녁을 대접하고 싶어요."

"야호, 맛있는 거 사 주세요!"

맑음이는 신이 나서 할머니와 할아버지 사이에 들어가 팔짱을 꼈어요.

세계의 다양한 집

지구에는 열대 기후, 건조 기후, 온대 기후, 냉대 기후, 한대 기후 등이 있어요. 적도로 갈수록 덥고, 북극과 남극에 가까이 갈수록 추워지지요. 사람들은 기후에 따라 다른 집을 지어 환경에 적응해 살아왔어요. 집에는 그곳을 살아가는 사람들의 공통된 생활 양식인 문화가 담겨 있어요.

카파도키아 동굴집

터키 아나톨리아 고원의 카파도키아에 버섯처럼 생긴 바위들이 솟아 있어요. 사람들은 화산재가 쌓여 만들어진 이 바위에 구멍을 뚫어 집과 수도원을 만들었지요. 로마 시대에는 종교로 탄압을 받았던 크리스트교도들이 숨어 살았다고 해요.

카사비앙카

그리스의 전통 가옥으로 '하얀 집'이라는 뜻이에요. 지중해 연안의 뜨거운 햇빛을 반사시키기 위해 석회암을 이용해 집을 짓고 벽을 흰색으로 칠했어요. 대부분 2층이나 3층으로 되어 있고, 집 안쪽에 마당이 있어요.

게르

몽골의 드넓은 초원을 떠돌아다니며 살았던 유목민들은 이동이 편리한 집을 지었어요. 게르는 나무로 뼈대를 만들고 가축의 털로 짠 천을 덮어 만든 천막집이지요. 시베리아 유목민들은 같은 모양의 집을 '유르트'라고 불러요. 아라비아반도의 사막 지역에 사는 베두인족도 천막집을 짓고 살아요.

말로까

열대 기후인 브라질 아마존 지역의 전통 가옥으로 나무와 나뭇잎을 촘촘하게 엮어 만든 움집이에요. 말로까의 주재료인 '아라빠해' 나뭇잎은 물기를 빨아들여서 빗물이 집 안으로 새어 들어오지 않도록 해요. 한 채의 집에서 40명, 많게는 200명까지 모여 살아요.

2장

삼겹살을 안 먹는다고?

사람이 먹고 마시는 음식에 관한 생활을 식생활이라고 해요.
사람들은 자연환경, 종교, 역사 등에 따라 제각기 다른 음식을 먹어요.

모두섬 중앙에는 가지가지 식당이 줄지어 있어요. 중국집, 샌드위치 가게, 비건을 위한 샐러드 가게, 파스타와 해산물 파에야를 파는 스페인 음식점까지 세계 모든 요리를 맛볼 수 있지요. 마침 저녁 시간이라 맛있는 냄새가 솔솔 피어올랐어요.

"맑음이 친구들은 어떤 음식을 좋아할까? 삼겹살 어때요? 노릇노릇 구워서 상추에 싸서 먹으면 아주 맛있는데!"

맑음이 할아버지가 말하자 알리가 고개를 저으며 대답했어요.

"저는 돼지고기를 안 먹어요."

"왜 안 먹어?"

맑음이가 궁금해서 물어봤어요.

"나는 이슬람교를 믿거든. 이슬람교에서는 율법을 지키는 걸 굉장히 중요하게 생각해. 율법에 돼지는 먹으면 안 되고, 만지고 난 후에는 꼭 손을 씻으라고 되어 있어."

사시나 선생님이 친절한 목소리로 더 자세히 설명해 주었어요.

"이슬람교뿐만 아니라 유대교에서도 돼지고기를 먹지 않도록 금지하고 있어요. 이슬람교와 유대교가 처음 생겨난 중동 지역이 돼지를 키우기에 알맞지 않은 환경이라 그렇다는 말도 있고, 돼지를 더러운 동물로 여겨 그렇다는 말도 있어요. 종교에 따라 금지하는 음식이 달라요."

"그럼 선생님도 안 먹는 음식이 있나요?"

맑음이 할머니가 조심스럽게 묻자 사시나 선생님이 웃으며 대답했어요.

"제가 믿는 힌두교에서는 소를 신성하게 여겨요. 특히 암소는 어머니와 같은 존재로 생각하지요. 암소를 바라보거나 만지기만 해도 행운을 얻고 악으로부터 보호받는다고요. 그런 소를 먹을 수는 없겠죠?"

선생님의 말을 들은 맑음이 할아버지가 고개를 끄덕였어요. 음식점을 두리번거리던 수끼가 더 이상 참지 못하고 소리쳤어요.

"너무너무 배고파요! 이러다 아무것도 못 먹고 쫄쫄 굶겠어요. 저기 뷔페식당으로 가면 안 될까요?"

"좋아요, 좋아요!"

뷔페식당을 발견한 수끼를 칭찬하며 모두 음식점으로 들어갔어요. 사람들이 덜어 온 음식을 보니 모두 다 달랐지요. 사시나 선생님은 채소만 잔뜩 가져왔고, 마오는 온갖 고기를 종류별로 가져왔어요. 맑음이는 디저트를 많이 먹었어요. 떡을 먹다 보면 빵이 생각나고, 빵을 가져와 먹다 보면 케이크와 와플이 먹고 싶어졌거든요.

맑음이는 젓가락을 접시 위에 올려 두고 음식을 가지러 갔는데, 자리로 돌아와 보니 젓가락이 식탁 위에 놓여 있었어요. 음식을 먹다가 또 무언가를 가지러 가면 젓가락이 다시 식탁에 놓여 있었지요. 심지어 이번에는 다 먹은 줄 알고 한참 맛있게 먹고 있던 접시를 가져가 버렸지 뭐예요!

맑음이가 씩씩거리며 식탁을 둘러봤어요.

"누구야? 누가 자꾸 내 젓가락을 건드리는 거야?"

맑음이 옆에 앉아 있던 수끼가 우물쭈물하며 대답했어요.

"나야. 젓가락을 자꾸 접시 위에 올려 둬서……."

"그거야 아직 먹고 있는 접시니까 그렇지. 젓가락을 내려놓으니까 자리 비운 사이에 접시를 치워 버렸잖아!"

"젓가락을 그릇 위에 올리는 건 예의에 어긋나는 일이야."

"예의는 무슨 예의? 빨리 가서 아까 내가 먹던 치즈케이크 다시 들고 와!"

"그걸 내가 왜 가져다줘야 하는데?"

맑음이와 수끼가 티격태격 말싸움을 시작하자 맑음이 할아버지가 맑음이에게 주의를 줬어요.

"맑음아, 밥 먹을 때 얘기하면 안 되지."

맑음이가 억울하다는 듯 울먹거리자 사시나 선생님이 나섰어요.

"잠깐 여기 좀 봐요. 우리 모두 좋아하는 음식, 먹을 수 있는 음식이 다르지요? 식사 예절도 나라마다 달라요. 수끼가 태어난 태국에서는 젓가락을 그릇 위에 올려 두는 게 죽음을 뜻해요. 수끼는 맑음이를 생각해서 젓가락을 치워 준 거예요."

"맞아요, 선생님! 맑음이가 밥 먹다가 죽은 사람이 되면 어떻게 해요. 솔직히 저렇게 먹다가 배가 터지지는 않을까 걱정이 되기도 했고요."

수끼의 말에 모두 웃음을 터뜨렸어요. 여기저기서 자기 나라의 식사 예절에 대해 얘기하기 시작했어요. 인도에서는 음식을 먹을 때 오른손을 사용하는 게 예의고, 식사 중에 대화를 하거나 음식을 남기면 안 된대요. 중국에서는 반대로 음식을 남기는 게 예의라고 하고요. 시리아에서는 밥을 먹기 전에 손을 꼭 씻어야 된대요. 이누이트족은 밥을 다 먹고 나면 잘 먹었다는 감사의 표시로 방귀를 뀐대요. 유카가 방귀 얘기를 하자 뾰로통해 있던 맑음이까지 마음이 풀어져 "방귀? 진짜 방귀를 뀐다고?" 하면서 헤헤 웃었어요.

맑음이 할아버지는 한국의 식사 예절에 대해 얘기했어요. 어른이 먼저 수저를 든 다음에 음식을 먹고, 음식을 먹을 때에는 소리를 내지 않아야 한다고요.

"아까 맑음이처럼 입안에 음식이 있는 상태로 말을 하면 안 돼요."

"할아버지, 거의 아무것도 없었어요!"

맑음이가 이번에도 음식을 우물거리며 대답하자 맑음이 할아버지가 웃으며 고개를 절레절레 흔들었어요.

 똑똑똑 문화

세계의 음식

환경과 문화에 따라 음식을 만드는 방법이 제각각 달라요. 같은 쌀이라도 쌀을 쪄서 밥을 해 먹는 곳이 있고, 쌀을 가루로 빻고 반죽해 국수를 만들어 먹는 곳이 있어요. 쌀을 볶아 먹는 곳도 있고요. 이처럼 음식에는 그 지역의 문화적 특징이 담겨 있어요.

슈하스코

소고기, 돼지고기, 파인애플 등을 꼬치에 꽂아 구워 먹는 브라질의 전통 음식이에요. 천천히 돌려가며 굽기 때문에 기름기 없이 담백한 고기를 맛볼 수 있어요. 생일이나 결혼식 등 잔치에 빠지지 않는 음식이지요.

항이

뉴질랜드 마오리족의 전통 요리예요. 지열로 데워진 돌 위에 돼지고기, 감자, 옥수수, 조개 등을 얹고 나뭇잎으로 싼 뒤 흙을 덮어 익혀요. 오랫동안 찌기 때문에 음식이 무척 부드러워요.

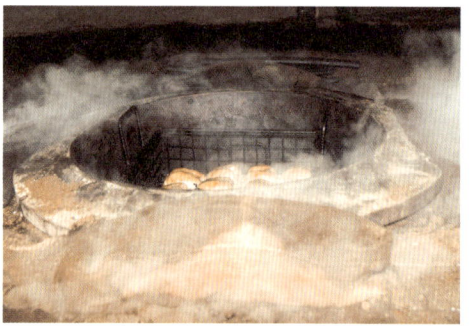

에스카르고

식용 달팽이로 만든 프랑스의 고급 요리예요. 마늘, 버터, 파슬리를 이용해 맛을 내지요. 에스카르고를 먹을 때에는 전용 집게와 끝이 두 개로 갈라진 전용 포크를 사용해요. 집게로 달팽이 껍질을 쥐고, 포크로 살만 조심스럽게 빼내어 먹어요.

따미야

밀가루를 반죽해 납작하게 구운 빵 에이쉬에 속을 넣어 먹는 이집트 음식이에요. 에이쉬는 이집트 사람들의 주식이지요. 에이쉬 안에 넣는 음식 중 팔라펠은 콩과 야채를 섞어 튀긴 것으로 고소한 맛이 나요. 토마토소스, 병아리콩, 양파튀김 등을 곁들여 먹어요.

3장
문화가 달라요

문화는 한 집단을 이룬 사람들이 공통으로 갖고 있는 생활 양식이에요.
의식주와 언어, 각종 제도, 예술, 종교와 의례 등이 모두 문화랍니다.

일요일 아침, 맑음이는 한국으로 돌아가는 할머니, 할아버지를 배웅하기 위해 항구로 갔어요. 모두섬에는 공항이 없어요. 다른 나라로 가려면 배를 타거나, 국제공항이 있는 이웃 섬으로 가야 해요. 맑음이 가족이 항구에 내리자마자 사람들이 웅성웅성 모여 있는 게 보였어요.

"아직 배가 떠날 시간이 안 됐는데, 무슨 일이지?"

맑음이 할아버지가 둥글게 모여 선 사람들 사이를 헤집고 들어갔어요. 맑음이가 할아버지 뒤를 바짝 따라갔지요. 바다에 떠 있는 작은 낚싯배에 한눈에 봐도 너무 많은 사람이 타고 있었어요. 누가 조금만 잘못 움직이면 배가 뒤집어질 것 같은 위태로운 모습이었지요. 모두섬에 들어오려면 여권을 보여 줘야 하는데, 배에 탄 사람들은 여권을 가지고 있지 않았어요. 사람들의 입국과 출국을 관리하는 자스민 할머니가 난처한 표정을 지었어요.

"그냥 들어오게 합시다!"

"위험한 사람이 있으면 어떻게 할 겁니까?"

모두섬 시민들의 의견이 분분했어요. 맑음이 할아버지가 혀를 끌끌 찼어요.

"배를 타고 탈출한 난민들인가 보구나."

"난민이요? 난민이 뭐예요?"

"인종이나 종교, 정치적, 사상적 차이로 목숨이 위태로워 자기 나라를 탈출한 사람들이란다. 예멘이나 시리아 같은 나라에서는 지금도 계속 전쟁이 벌어지고 있어. 한 나라 안에서 서로가 서로를 죽이는 끔찍한 싸움을 계속 하고 있는 거지."

"시리아요? 알리가 시리아에서 왔어요!"

알리 얘기를 하자마자 약속이라도 한 듯 알리가 헐레벌떡 뛰어왔어요. 맑음이가 반갑게 인사했지만 알리는 맑음이를 지나쳐 바로 자스민 할머니에게로 갔어요.

"자스민 할머니, 저 배에 우리 삼촌이 있어요!"

알리의 뒤를 따라 알리의 엄마, 아빠도 왔지요. 알리의 엄마가 동생의 이름을 부르자 배에서 한 남자가 대답했어요. 남자가 안고 있던 아기가 깜짝 놀라 울음을 터뜨렸지요.

"아이고, 갓난아기가 있네. 빨리 들어오게 합시다. 모두섬은 모두에게 열려 있는 섬이잖아요?"

한 사람이 목소리를 높여 말하자 자스민 할머니가 결정을 내린 얼굴로 모여 있는 사람들에게 말했어요.

"모두섬은 다양한 문화의 사람들이 모여 사는 다문화 사회예요. 여권이 없다고, 난민이라고 모두섬에서 살지 못할 이유는 없어요. 자, 이제 그만 모두섬으로 들어와 쉴 수 있도록 합시다."

자스민 할머니가 배에 탄 사람들에게 손을 내밀었어요. 모두섬으로 올라오며 기뻐서 눈물을 흘리는 사람도 있었고, 신께 감사의 기도를 드리는 사람도 있었어요. 알리의 삼촌은 뭍으로 올라오자마자 알리의 엄마를 부둥켜안았어요. 알리는 사촌 동생을 품에 안고 예뻐서 어쩔 줄 몰라 했어요. 맑음이가 손가락을 내밀자 아기가 작은 손으로 맑음이의 손가락을 힘껏 쥐었어요.

"이렇게 예쁜 아기가 무사해서 정말 다행이야."

맑음이가 말하자 알리가 아기에게서 눈을 떼지 못하며 대꾸했어요.

"맞아, 여기까지 무사히 온 게 정말 큰 행운이야. 나도 내전 때문에 엄마 아빠와 집을 버리고 떠나왔어. 터키, 그리스를 거치고 유럽의 여러 나라를 지나 독일로 갔지. 정말 많은 사람이 죽는 걸 봤어. 난민 캠프에서 살 때 늘 고향에 있는 우리 집 꿈을 꾸며 울었어."

맑음이의 콧잔등이 시큰해졌어요. 축구를 좋아해서 늘 축구 선수 얘기만 하는 알리가 그런 일을 겪었을 줄 몰랐거든요. 알리는 아기를 품에 안고 엄마, 아빠, 삼촌과 집으로 돌아갔어요. 낚싯배를 타고 온 다른 사람들은 섬 중앙에 임시로 마련한 숙소로 가기로 했어요.

뿔뿔이 흩어지고 나자 배를 타려고 기다리는 사람만 항구에 남았어요. 맑음이는 할아버지한테 아까 자스민 할머니가 말한 다문화 사회가 뭐냐고 물어보았어요.

"다문화 사회란 한 국가나 한 사회 속에 다른 인종, 민족, 계급 등 여러 집단이 지닌 문화가 함께 존재하는 사회를 말하는 거야. 이젠 지구촌 거의 모든 나라 사람들이 다른 문화권 사람과 함께 살아. 다른 나라에 가서 공부를 하거나 취직을 하지. 다른 문화 출신 사람과 결혼하는 경우도 많단다."

"다문화 사회는 언제부터 생겼어요?"

이번에는 맑음이 할머니가 맑음이에게 알려 줬어요.

"아주 오랜 옛날부터 사람들은 서로 문화를 주고받으며 살아왔단다. 모든 민족은 이동하고 전쟁을 벌이는 과정에서 섞이기 마련이었거든."

"솔직히 모두섬은 문화가 전부 다 달라서 힘들 때가 있어요."

맑음이가 투덜거리자 맑음이 할머니가 다정하게 웃으며 얘기했어요.

"맑음이는 문화가 뭐라고 생각하니?"

"어떤 음식을 먹는지, 어떤 집에 사는지, 어떤 말을 쓰는지…. 이런 게 문화 아닌가요?"

"맞아, 사람들이 모여 살아가는 방식이 바로 문화지. 문화는 세대에서 세대로 이어지지만 유전이 되는 것은 아니야. 피부색처럼 타고나는 게 아니라 살아가면서 배우는 거란다. 다양한 문화의 사람들이 모인 모두섬에서는 모두섬만의 문화가 생겨날 거야. 어때, 앞으로가 더 재미있을 것 같지 않니?"

"그럼 한국에 갔다가 빨리 다시 오시겠네요?"

"당연하지, 우리 둘 다 모두섬이 정말로 좋아졌거든."

맑음이 할아버지가 맑음이 할머니 손을 잡으며 맑음이의 머리를 쓰다듬었어요. 배가 항구로 들어왔어요. 맑음이는 할머니를 도와 배에 트렁크와 여행 가방을 실었어요. 맑음이는 할머니, 할아버지가 탄 배가 보이지 않을 때까지 손을 흔들어 인사했어요. 집으로 돌아가는 길에 할머니, 할아버지가 다시 모두섬에 오기 전까지 선물을 준비해야겠다는 생각이 들었어요. 두 분이 깜짝 놀랄 만한 선물이면 좋을 것 같았지요. 맑음이는 엄마가 차려 준 점심을 먹는 둥 마는 둥 어떤 선물이 좋을지 계속 생각했어요.

 똑똑똑 문화

세계의 다문화

세계의 각 나라는 다양한 문화를 받아들이기 위해 노력해요. 각 나라가 문화를 받아들이는 방법은 크게 두 가지가 있어요.

용광로 문화

중국에는 수많은 소수 민족이 있어요. 중국은 국민의 대다수인 한족 중심의 정책을 쓰면서 소수 민족 문화를 포용하도록 해요. 용광로 이론은 여러 이민자들의 다양한 문화가 조그마한 변화를 일으키나, 곧 거대하고 지배적인 문화 속에 녹아들어 간다는 거예요. 철광석과 같은 이민자들이 거대한 용광로인 사회에 용해되는 것처럼 여러 민족의 문화를 한데 모아 용광로에 넣어 녹이듯 하나의 문화로 만들지요.

샐러드볼 문화

큰 그릇 안의 샐러드처럼 여러 민족의 문화가 각각의 민족이 가지고 있는 고유한 색깔을 지키면서 조화를 이루는 것을 뜻해요. 미국의 뉴욕은 세계 각국의 이민자들이 모여 각자의 문화를 지키며 조화를 이루어 살고 있어요.

4장
다양한 종교가 있어요

신과 같은 절대적인 힘을 통해 고민을 해결하고
삶의 근본적인 목적을 찾는 문화 체계를 종교라고 해요.
세계에는 4,200개가 넘는 종교가 있어요.

맑음이는 학교에서도, 집에서도 울산 할머니, 할아버지께 드릴 깜짝 선물에 대해 생각했어요. 편지, 할아버지 할머니 사진으로 만든 액자, 조개껍질을 뚫어 만든 반지 같은 걸 떠올렸지만 전부 시시하게 느껴졌어요. 맑음이는 학교 수업이 끝나자마자 유카와 알리, 마오, 수끼를 불러 모았어요. 친구들에게 어떤 선물이 좋을지 물어볼 참이었지요. 그런데 알리가 기운이 하나도 없어 보였어요.

"무슨 일 있어? 아기 동생이 아픈 건 아니지?"

맑음이가 묻자 알리가 대답했어요.

"오늘부터 라마단이야."

"라마단이 뭐야?"

알리의 말에 친구들이 동시에 물어보았어요.

"이슬람교도들은 일 년에 한 달 정도 해가 있을 때에는 음식을 먹지 않는데 그게 라마단이야."

"지금까지 아무것도 안 먹었다고? 진짜 배고프겠다. 밥을 아예 안 먹어?"

마오가 물었어요.

"해가 지면 먹어도 돼. 저녁이 되면 맛있는 음식을 요리해 먹으면서 하루 종일 이어진 금식을 마쳐."

"라마단을 왜 하는 건데?"

맑음이가 묻자 알리가 대답했어요.

"이슬람교의 창시자가 신으로부터 계시를 받은 신성한 날을 기념하기 위한 거야."

라마단은 거의 천사백 년 동안 지켜온 종교 의식이래요. 단지 음식을 먹지 않는다는 것을 넘어 몸과 마음을 수련한다는 의미를 갖고 있다고 해요. 또 배고프고 힘든 사람의 고통을 직접 겪으며 고통을 함께 나눈다는 뜻도 있지요.

"우리 가족이 믿는 불교에서는 부처님 오신 날이 가장 큰 행사야."

수끼가 말했어요. 부처님 오신 날은 불교를 창시한 석가모니가 태어난 날이에요. 음력 4월 8일로 절에서는 기념 법회를 하고 연등놀이, 탑돌이와 같은 다양한 행사가 열려요.

"부처님 오신 날에는 온 가족이 절에 가서 법회에 참석해. 떡도 먹고 연잎밥도 먹고 절에서 하루 종일 놀아. 내가 제일 좋아하는 건 방생 행사야. 물고기나 거북을 물에 놓아주거든."

수끼의 얘기를 듣고 맑음이가 말했어요.

"나도 부처님 오신 날에 절에 가 본 적 있어! 비빔밥이 진짜 맛있었어."

"맛있는 건 부활절 계란이지!"

유카가 끼어들었어요.

"내가 믿는 크리스트교에서는 부활절과 성탄절을 기념해. 부활절은 예수님이 십자가에 못 박혀 죽었다 다시 살아난 것을 기념하는 날이고 성탄절은 아기 예수가 태어난 것을 축하하는 날이야."

"아, 맞아! 나는 크리스마스가 진짜 좋아. 크리스마스트리에 달린 작은 전구가 반짝반짝 예쁜 불빛을 빛내면 마음이 따뜻해져."

맑음이가 말하자 알리가 물었어요.

"맑음아, 너는 종교가 뭐야?"

"나는 아직 특별한 종교가 없어."

친구들이 맑음이를 바라봤어요.

"어떻게 보면 모든 종교를 좋아한다고 할 수 있지. 종교에서

말하는 게 결국은 비슷하다고 생각하거든. 남을 미워하지 말고 다른 이들을 사랑하고 착하게 살라는 거 아니야?"

맑음이 말에 마오가 고개를 끄덕이며 대꾸했어요.

"그건 그렇지. 그런데 가끔 뉴스를 보면 자기가 믿는 종교만 중요하다고 생각해서 다른 종교를 차별하고 공격한다는 소식이 나올 때가 있어."

유카가 말했어요.

"그럴 때 보면 어른들이 오히려 더 유치한 것 같아."

친구들은 맞아, 맞아 하며 모두 웃었어요.

"라마단 기간에 금식보다 더 중요한 게 있어. 폭력을 쓰거나 화를 내거나 나쁜 짓을 하면 절대 안 돼. 가난한 이웃이나 친구들한테 선물을 주는 풍습도 있어."

알리의 말에 맑음이가 그제야 다시 생각난 듯 선물! 하고 소리 쳤어요.

"모두섬으로 이사 오는 할머니, 할아버지께 어떤 선물을 해 드리면 좋을까?"

친구들이 이것저것 생각나는 대로 말하기 시작했어요. 모두섬에서 나는 꽃을 꺾어 커다란 꽃다발을 만들어 보라는 친구도 있었고, 바닷가에서 예쁜 색깔의 돌멩이를 주워 목걸이를 만들어

보라는 친구도 있었어요. 맑음이가 전부 마음에 들지 않는다는 표정으로 고개를 흔들자 수끼가 물었어요.

"도대체 어떤 선물을 해 드리고 싶은 거야?"

맑음이가 곰곰이 생각하다 대답했어요.

"두 분이 너무 기쁘고 행복해서 오랫동안 기억에 남을 만한 선물을 해 드리고 싶어."

친구들 모두 잠시 말이 없었어요. 마오가 무릎을 탁 치며 말했어요.

"생각났어! 결혼식 어때?"

"결혼식?"

친구들 모두 입을 모아 물었어요.

"그래, 결혼식! 두 분 결혼하셨을 때 가장 행복하지 않았을까? 우리 할머니, 할아버지도 얼마 전에 결혼 50주년 기념해서 결혼식을 다시 하셨거든. 리마인드 웨딩이라고 정말로 좋아하셨어."

마오의 말을 듣고 보니 결혼식만큼 좋은 선물은 없을 것 같았어요. 맑음이는 할머니, 할아버지가 모두섬 사람들에게 축하 받으며 행진하는 모습을 떠올리니 벌써 가슴이 콩닥콩닥 뛰며 기뻤어요.

 똑똑똑 문화

세계의 종교

종교는 사람들의 생활 방식과 사고방식에 큰 영향을 미쳐요. 그래서 종교의 이름을 들어 '불교 문화권', '크리스트교 문화권' 등으로 말하기도 해요.

불교

지금으로부터 2,500여 년 전, 석가모니에 의해 인도 지역에서 시작되었어요. 중국과 인도, 일본, 태국, 베트남 등 아시아 지역에 널리 퍼져 불교문화를 형성했지요. 누구나 수행을 통해 부처, 즉 깨달음을 얻은 자가 될 수 있다고 믿어요.

이슬람교

610년에 아라비아반도에서 무함마드가 창시했어요. 이슬람이란 순종한다는 뜻이며, 이슬람교도를 가리키는 '무슬림'이라는 말에는 순종하는 사람이라는 뜻이 담겨 있어요. 유일신 알라를 믿으며, 크리스트교, 불교와 함께 세계 3대 종교로 꼽혀요.

크리스트교

예수의 가르침을 따르는 종교예요. 하나님이 땅과 세상을 창조한 유일하고 전지전능한 존재라고 믿어요. 2,000여 년에 달하는 긴 역사 동안 유럽을 중심으로 퍼져 나갔어요. 16세기 유럽에서 일어난 종교 개혁을 통해 구교와 신교로 나뉘었어요.

힌두교

인도에서 옛날부터 전해 내려온 브라만교에 토착 신앙이 결합된 종교예요. 파괴신 시바, 유지의 신 비슈누, 창조의 신 브라흐마 등 다양한 신을 믿어요. 사람들의 신분을 나눈 카스트에 따른 의무를 지켜야 구원을 받을 수 있다고 생각해요.

5장
두근두근 행복한 결혼식

관습이나 법률에 따라 부부가 되는 제도를 결혼이라고 해요.
결혼 제도는 문화와 시대에 따라 많이 달라요.

맑음이 할머니 할아버지가 드디어 모두섬으로 이사를 오셨어요. 맑음이네 집과 가까운 서쪽 마을의 주택을 한옥으로 고쳐 살기로 했지요. 할머니 할아버지와 멀리 떨어져 있어 늘 걱정이 많았던 맑음이 엄마가 가장 기뻐했어요.

맑음이는 엄마에게 결혼식 이야기를 꺼냈어요.

"엄마, 할머니, 할아버지 결혼식을 다시 한번 하면 어때요? 할머니, 할아버지께 특별한 선물을 해 드리고 싶어요."

"그거 좋은 생각이네! 곧 있으면 두 분 결혼 사십 주년이거든. 우리가 준비하자."

맑음이가 결혼식 얘기를 하자 할아버지는 쑥스럽다며 거절하셨어요. 결국 엄마, 아빠가 설득에 나섰어요.

"모두섬 시민들에게 한꺼번에 인사도 하고 좋잖아요. 앞으로 잘 지내자는 의미로요."

몇 번이나 설득한 끝에 할머니와 할아버지가 결국 승낙하셨어요. 할머니, 할아버지는 예전에 서양식으로 결혼식을 했기 때문에 이번에는 한국 전통 혼례를 하고 싶다고 하셨어요. 맑음이는 학교에 가서 친구들에게 결혼식을 하게 됐다는 소식을 알렸어요.

"원래 한국의 전통 결혼식은 저녁에 했대. 신랑이 신부의 집으로 가서 결혼식을 올린 뒤 신부와 함께 한동안 신부의 집에 머물렀대. 전통 결혼식의 절차가 복잡한데 최대한 간단하게 준비하려고 해. 어때? 같이 할래?"

"물론이지. 진짜 재밌겠다!"

친구들이 모두 결혼식 준비를 돕겠다고 나섰어요. 맑음이 할

머니, 할아버지의 결혼식은 모두섬 중앙 공원에서 야외 결혼식으로 치르기로 했어요. 맑음이는 친구들과 매일같이 모여 결혼식을 준비했어요. 공원 입구를 풍선으로 장식하고, 모두섬에서 가장 예쁜 꽃을 꺾어 할머니가 탈 가마를 꽃으로 꾸미고, 전통 혼례의 순서를 알리는 식순지를 만들었지요. 꽹과리, 북, 징, 장구를 학교에서 빌려 와 유튜브를 보고 풍물놀이를 연습했어요. 꿈에서까지 장구를 쳤다니까요!

토요일 아침, 맑음이는 일어나자마자 날씨를 확인했어요. 비 한 방울 오지 않을 맑고 화창한 날이었어요. 맑음이와 친구들이 공원에 모여 결혼식 준비를 마무리하자 모두섬 시민들이 중앙 공원으로 모여들었어요. 섬에서 가장 나이가 많은 자스민 할머니가 사회를 봐주셨어요.

"잠시 후 신랑 이선선 님과 신부 정수수 님의 한국식 전통 혼례가 시작됩니다. 손님 여러분께서는 자리에 앉아 주시기 바랍니다."

자스민 할머니는 먼저 맑음이 가족을 소개했어요.

"이선선 님과 정수수 님의 딸과 사위, 그리고 손녀 맑음이를 소개합니다."

맑음이 엄마 아빠와 맑음이가 일어나 인사하자 사람들이 박수를 쳤어요. 곧이어 신랑 신부의 앞날을 축하하는 공연을 시작하며 혼례청 울림이 열렸어요. 맑음이와 친구들이 일주일 동안 연습한 풍물놀이를 선보였지요. 공연이 끝나자 맑음이의 엄마와 아빠가 혼례청 양쪽의 촛불을 켰어요.

 기러기 모양의 나무 장식품을 안는 기러기 아범은 사시나 선생님이 맡았어요. 사시나 선생님 뒤로 맑음이 할아버지와 할머니가 동시에 혼례청에 입장했어요. 연지 곤지를 찍고 혼례복을 입은 맑음이 할머니와 깃이 달린 사모를 쓴 할아버지가 무척 아름다웠어요. 할아버지가 기러기를 넘겨받은 다음 상 위에 올려 두고 할머니와 마주 봤어요.

 "저 새는 무슨 새야?"

 마오가 귓속말로 묻자 맑음이가 얼른 설명해 줬어요.

 "기러기야. 기러기는 짝과 사이가 정말 좋대. 그런 기러기처럼 평생 사이좋게 살라는 뜻이야."

 할머니와 할아버지는 맑은 물에 손을 씻은 뒤 마주 보고 절을 했어요. 다음으로 술잔을 눈높이로 올려 하늘에 인사를 하고 술잔을 땅에 내려 땅에

인사를 했어요. 마지막으로 손님들을 보고 깊이 고개를 숙여 인사하자 모두섬 시민들이 축하의 박수를 쳤어요.

"신랑 신부가 평생 기쁨과 고통을 함께할 부부가 되었음을 엄숙히 선언합니다."

자스민 할머니가 결혼이 이루어졌음을 알렸어요. 맑음이와 친구들이 축가를 불렀지요.

"아들딸 열둘 낳아 천년만년 잘 사세요."

자스민 할머니가 이렇게 소리치자 구경하던 사람들도 모두 같이 소리치며 박수를 쳤어요. 모두섬 시장인 밍마 아줌마가 말했어요.

"내 친구가 진짜로 아들딸 12명을 낳았어. 그 친구는 황난티베트족인데 형제 모두와 결혼했지."

"네? 그게 무슨 말이에요?"

맑음이가 놀라서 물었어요.

"황난티베트족은 장남이 결혼하면 그 집에 있는 형제 모두가 형의 아내를 아내로 맞아. 티베트는 춥고 건조한 고원에 있어 먹을 것이 부족하고 일손이 늘 많이 필요하지. 어려운 환경에 살다 보니 얼마 안 되는 재산을 형제들끼리 나눠 가지기보다 한 여자와 형제 모두가 함께 사는 방법을 선택한 거야."

맑음이는 그래도 남편이 여러 명인 가족이 상상이 되지 않았어요. 그때 알리가 말했어요.

"우리는 한 남자가 여러 명의 부인을 얻을 수 있어."

"에이, 그것도 좀 이상하다."

맑음이가 말했어요. 이슬람 율법 『쿠란』에는 부인을 네 명까지 둘 수 있다고 되어 있대요. 이슬람교가 탄생한 아라비아반도는 척박한 사막 지역이라 여자 혼자 살아남기 어려운데, 이슬람교가 생겨난 초기에 잦은 전쟁으로 많은 남자가 죽어 혼자 사는 여자와 고아가 늘어났기 때문에 한 남자가 여러 명의 부인을 얻을 수 있도록 한 거라고요. 『쿠란』에는 모든 아내를 공정하게 대해야 한다고도 나와 있어 지금은 아주 큰 부자가 아니면 여러 명의 부인을 둘 수 없다고 덧붙였어요. 알리의 설명을 들은 맑음이는 그제야 이해가 된다는 듯 고개를 끄덕였어요.

맑음이 할머니 할아버지의 결혼식이 끝나자 모두 모여 사진

촬영을 했어요. 할머니와 할아버지는 섬의 동쪽 마을로 신혼여행을 떠나기로 했지요.
"할머니, 할아버지. 멋진 신혼여행 다녀오세요."
맑음이는 할머니 할아버지를 꼭 안았어요.

 똑똑똑 문화

세계의 결혼 문화

우리 조상은 결혼을 '혼례'라고 불렀어요. 사람이 살아가면서 치르는 네 가지 중요한 의례 중 하나라고 여겼지요. 결혼은 세계의 여러 나라에서도 집안의 가장 중요한 행사 중 하나예요.

중국

중국의 전통 결혼식은 '육예(六禮)'라는 여섯 가지 중요한 절차를 거쳐야 했어요. 요즘에는 복잡한 절차를 줄이고 결혼식과 피로연이 합쳐진 모습으로 식당이나 호텔에서 파티를 여는 경우가 많아요. 신부와 신랑은 중국의 전통 의상인 붉은색 치파오를 입어요. 결혼식에 참석한 손님들에게는 선물로 술, 담배, 사탕을 나눠 주지요. 결혼 생활이 사탕처럼 달콤하기를 기원하는 의미에서 사탕을 준비하기 시작했다고 해요.

독일

결혼식 전날 결혼식에 참석할 사람들이 오래된 접시를 가져와 신혼부부의 집 앞에 던져 깨뜨려요. '폴터아벤트'라고 부르는 이 행사가 신랑, 신부에게 행운을 가져다준다고 믿기 때문이지요. 그릇 깨뜨리기가 끝나면 본격적인 파티가 시작되어 신랑, 신부를 축하해 줘요. 다음 날 결혼 등록소에서 공식적인 결혼식을 올리고, 종교가 있다면 그다음 날 성당이나 교회에서 또 한 번 결혼식을 올려요.

인도

여자가 청혼을 해요. 신랑, 신부의 별자리로 결혼 생활이 어떨지 점쳐 보는데, 만약 별자리가 맞지 않으면 행복한 결혼 생활을 할 수 없다고 생각해요. 결혼식 전에는 인도의 전통 의식인 '멘디'를 해요. 멘디는 헤나를 몸에 그리는 것을 말하지요. 손이나 발, 팔 등에 화려하고 정교한 문양을 새기고, 멘디가 사라질 때까지 어떤 집안일도 하지 않는다고 해요.

6장
좋은 문화와 나쁜 문화

세계 문화의 다양성을 인정하고 각 문화는 사회의 환경과 맥락을
고려해 이해해야 한다는 생각을 문화 상대주의라고 해요.

오늘은 사시나 선생님의 친구가 모두섬에 놀러 왔어요. 사시나 선생님은 친구 루카스를 대학에 다닐 때 만났대요. 루카스는 고향에 돌아가 아프리카코끼리를 보호하는 활동을 하며 지내다가 세계의 코끼리를 만나 보고 싶어 여행에 나섰다고 해요. 선생님이 말했어요.

"루카스의 고향은 아프리카 대륙의 동쪽에 있는 탄자니아야. 마사이족이지. 너희들도 같이 만나자."

맑음이와 친구들은 선생님이 루카스와 만나기로 약속한 모두섬 중앙의 시장으로 갔어요. 언제나 그렇듯 시장 입구에는 애완용 거북이 엉금엉금 기어 다녔어요. 그 옆에는 갓 잡은 물고기를 파는 좌판이 있었고요. 작은 물고기를 튀겨 파는 튀김 가게의 고소한 냄새를 맡고 유카가 군침을 삼켰어요. 그때 키가 큰 남자가 시장에서 걸어 나왔어요.

"오, 사시나!"

루카스 손에는 생수병이 있었어요. 사시나 선생님이 손으로 얼굴을 가리며 소리쳤어요.

"아니야, 하지마, 하지마!"

루카스는 킥킥 웃

더니 물을 입에 머금고 사시나 선생님의 얼굴을 향해 뱉었어요.

"으악!"

맑음이와 친구들은 놀라 아무 말도 못하고 루카스를 쳐다봤어요. 사시나 선생님의 친구인 줄 알았더니 원수였나 봐요. 그런데 사시나 선생님이 손수건을 꺼내 얼굴을 닦으며 환하게 웃었어요.

"아유, 정말 고맙다. 나도 진짜 반가워."

아이들이 영문을 몰라 어리둥절해 하자 선생님이 설명해 주었어요.

"마사이족 사람들은 반가운 사람을 만나면 침을 뱉어. 결혼하는 사람이나 아이를 낳은 사람을 축하해 줄 때에는 둥글게 모여서 축하 받을 사람을 가운데 앉히고 단체로 입에 물을 머금었다 뿜어 주지."

"네에? 아니 왜요?"

"바로 물 때문이란다."

루카스가 말했어요.

"우리가 사는 곳은 마실 물을 구하기 어려울 정도로 물이 너무 부족해. 그래서 처음 만났을 때 상대를 소중하게 생각한다는 의미에서 침을 뱉는 거야. 침은 물이니 소중한 것을 상대방에게 준다는 의미지."

마사이족이 사는 곳은 비가 많이 오지 않아 늘 물이 귀하대요. 마사이족에게 물은 생명 그 자체라고 할 수 있지요. 물을 얻기 위해 전쟁을 치르기도 한대요.

"짓궂은 장난을 치는 줄 알았는데 아니었네요. 역시 다른 문화를 함부로 판단하고 나쁘다고 생각해서는 안 되나 봐요."

맑음이가 말하자 마오가 갑자기 손을 번쩍 들었어요.

"선생님! 얼굴에 침을 맞기 싫을 수 있잖아요. 싫고 나쁜 것도 다 존중해야 되는 거예요?"

"좋은 질문이야. 마오 말대로 어떤 문화에서는 사람이라면 당연히 누려야 할 기본 권리를 지키지 않고 심각한 폭력을 쓰기도 해. 집안의 명예를 더럽혔다고 그 사람을 죽이는 풍습 같은 건 그대로 존중하고 받아들이면 안 되는 문화지."

"옛날 중국에서는 여자의 발을 꽁꽁 묶어서 발이 못 자라도록 하는 전족을 했대요."

마오가 말하자 사시나 선생님이 대답했어요.

"전족을 한 여자들은 뼈가 이상하게 자라 잘 걷지도 못했지. 이젠 대부분 사라진 악습이야."

수끼가 튀김 가게를 가리키며 말했어요.

"물고기를 산 채로 튀겨 파는 건요? 볼 때마다 물고기들한테

미안해요. 야만적이지 않나요?"

유카가 답답하다는 듯 말했어요.

"뭐? 저 튀김을 한 번도 안 먹어 봤단 말이야? 모두섬의 명물이잖아! 진짜진짜 맛있어!"

"죽은 생선도 아니고 저렇게 살아 움직이는 물고기를 튀기잖아. 으, 난 싫어!"

수끼가 진짜 싫다는 표정으로 인상을 찌푸리자 사시나 선생님이 빙긋 웃었어요.

"자기 문화가 다른 문화에 비해 옳고 뛰어나다고 생각하고, 다른 문화는 뒤떨어지고 야만적이라고 생각하는 걸 자문화 중심주의라고 해. 이런 생각을 가지면 다른 문화를 가진 사람을 싫어하고 차별하게 되지."

"맞아! 생선 튀김 먹는 게 야만적이면 스테이크는? 이 세상 사람 전부 다 야만인이겠다."

유카가 툴툴거리자 수끼가 부루퉁해져서 시장 밖으로 나갔어요.

"수끼야, 어디 가?"

맑음이와 친구들이 부르자 수끼가 친구들을 한번 돌아보더니 어디론가 급하게 뛰어갔어요.

"수끼가 화났나? 어디로 가는 거지?"

유카가 안절부절못하자 맑음이가 말했어요.

"얼른 따라가 보자. 선생님, 저희 먼저 가 볼게요."

맑음이와 마오는 선생님께 고개를 숙여 인사하고, 유카는 선생님과 루카스에게 싱긋 웃어 주었어요. 알리는 오른손을 자기 가슴에 대고 '당신에게 평화가 있기를!' 하고 인사했지요. 사시나 선생님이 두 손을 모아 합장한 뒤 빨리 쫓아가 보라고 말했어요. 각자 저마다의 인사를 하다 보니 뒤쫓아 가기엔 늦어 버렸는지 수끼의 모습이 어디에서도 보이지 않았어요. 유카는 울

상이 되어 수끼가 길을 잃어버렸으면 어떻게 하느냐고 걱정했어요. 어디로 가야 할지 몰라 두리번거리고 있을 때 수끼가 멀리서 손에 어항을 들고 조심조심 걸어왔어요. 친구들이 모두 수끼에게로 뛰어갔어요.

"웬 어항이야? 엄청 예쁜 물고기다!"

어항 안에는 노란색 지느러미에 몸통이 주황색으로 반짝이는 물고기가 헤엄치고 있었어요.

"새끼일 때는 잿빛이고 볼품없지만 다 크면 이렇게 예뻐져."

수끼의 말에 유카가 놀라서 물었어요.

"튀김 가게의 그 물고기라고?"

"응, 저쪽에 관상용 물고기를 파는 가게가 있어. 거기서 매일 물고기를 구경하다가 알게 됐지."

친구들은 수끼의 말을 듣고 어항 속 물고기를 다시 찬찬히 들여다봤어요. 지느러미로 물살을 가르며 헤엄치는 모습이 아름다웠어요. 유카가 머리를 긁적이더니 말했어요.

"앞으로 물고기 튀김은 진짜진짜 배가 고플 때만 사 먹어야겠다."

"유카 너는 맨날 배가 고프잖아?"

맑음이가 말하자 친구들 모두 와르르 웃음을 터뜨렸어요.

똑똑똑 문화

세계의 인사법

나라마다, 민족마다 서로 다른 인사법이 있어요. 회사의 대표끼리 만나거나 나라의 정상이 만나는 공식적인 자리에서는 오른손을 맞잡고 가볍게 흔드는 악수가 널리 쓰이지만, 일반 사람들 사이에서는 여전히 전통적인 인사법을 많이 써요.

인도

두 손을 모으고 고개를 숙이면서 '나마스테'라고 말해요. 나마스테는 고대 인도의 말인 산스크리트어로 '당신께 영광을'이라는 뜻이에요.

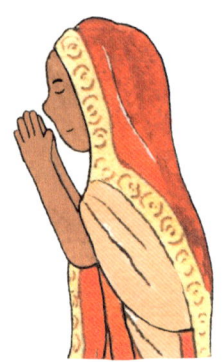

프랑스, 이탈리아 등 유럽

양쪽 볼을 번갈아 맞대며 뺨에 가볍게 입을 맞추거나 입으로만 '쪽' 소리를 내요. 이런 인사법을 '비쥬'라고 부르지요.

뉴질랜드 마오리족

이마와 코를 맞대고 악수한 뒤 '키아 오라'라고 말해요. 이런 인사를 '홍이'라고 부르는데, 서로 숨결을 나눈다는 뜻을 담고 있어요.

이스라엘

'샬롬' 하고 말하면서 어깨를 주물러 줘요. '샬롬'은 평안을 빈다는 뜻이지요.

티베트

귀를 잡아당기면서 상대방을 향해 혀를 길게 내밀어요. 티베트 전설에 악마는 뿔이 있고 혀가 없다고 해요. 인사할 때 혀를 내밀어 악마가 아님을 보여 주는 거지요. 또 이 인사에는 상대를 해치지 않겠다는 뜻도 있어요.

7장
문화는 끊임없이 흘러요

교통과 통신의 발달로 각 지역의 문화가 빠르게 세계로 퍼져 나가요.
서로 다른 문화가 만나 이전의 문화와는 전혀 다른
새로운 문화가 탄생하기도 해요.

맑음이와 친구들이 집으로 돌아가려는데, 공원에서 익숙한 노랫소리가 들렸어요.
"어, 메아리소년단이잖아!"
알리가 무슨 노래인지 알아듣고 반가워했어요. 유카와 마오도 신이 나서 가사를 흥얼거렸어요. 맑음이와 친구들이 공연을 보러 공원으로 뛰어갔어요. 맑음이 할머니, 할아버지의 결혼식이 열렸던 공원에서 메아리소년단처럼 한복을 입은 아이들이 춤을 추며 노래를 부르고 있었어요.

"와, 메아리소년단이랑 똑같이 춘다!"

맑음이는 친구들이 모두 메아리소년단을 알고 있는 게 신기했어요. 메아리소년단은 한국의 아이돌 그룹이거든요. 한국 고유의 악기인 대금과 가야금, 해금 등 전통 악기에 기타와 드럼, 키보드 등 현대 악기를 함께 사용한 음악을 바탕으로 노래를 불러요. 가끔 한복을 입고 공연하기도 해요. 메아리소년단이 세계적으로 유명하다는 말을 듣긴 했지만 친구들 모두가 알고 있을 줄은 몰랐어요.

친구들은 자기가 좋아하는 음악 이야기를 하기 시작했어요. 유카는 색소폰과 피아노 연주가 매력적인 재즈 음악을 가장 좋아한다고 했어요. 마오는 마두금으로 연주하는 몽골의 음악이 좋대요. 수끼는 태국의 전통 가요인 룩퉁을 부르며 춤을 보여줬어요. 신나는 음악에 반복되는 동작이 재미있어 맑음이와 친구들도 수끼의 춤을 따라 추었지요. 1월 2월 3월 4월, 4월 5월 6월 7월, 8월 9월 10월 11월, 12월 그리고 1월이 돌아오네. 수끼가 알려 준 룩퉁의 가사가 재미있어 자꾸만 따라 하게 되었어요. 반복되는 노랫말이나 흥겨운 음악이 꼭 엄마, 아빠가 자주 부르는 트로트 같았어요.

"너희들 춤을 정말 잘 추는구나!"

뒤를 돌아보니 사시나 선생님과 루카스가 서 있었어요.

"메아리소년단 노래가 들려서 왔는데, 너희들 춤이 더 멋져."

선생님 말에 맑음이가 물어보았어요.

"선생님도 메아리소년단을 아세요?"

사시나 선생님이 대답했어요.

"그럼, 몇 곡은 가사를 전부 외우는걸. 지금은 문화 간의 접촉이 매우 빨라졌어. 한 나라에서 만든 영화를 전 세계인들이 자기 집에서 동시에 볼 수 있게 됐으니까. 먼 나라의 작은 마을에서 일어난 일도 이젠 인터넷으로 바로 알 수 있지."

그러면서 사시나 선생님은 통신 기술의 발전과 교통수단의 발달로 세계 여러 나라 사이에 교류가 많아졌다고 했어요.

"옛날에는 어땠을까?"

사시나 선생님의 질문에 맑음이가 대답했어요.

"지금과는 많이 달랐을 것 같아요."

사시나 선생님이 고개를 끄덕이며 설명했어요.

"아주 먼 옛날 사람들은 각자 작은 공동체를 꾸려 살기 좋은 곳을 골라 수렵과 채집을 하면서 살았지. 그때에는 공동체의 단

위가 작았기 때문에 무리마다 다른 생활 방식으로 살았을 거야. 그러다 한곳에 정착해 농사를 짓기 시작했지. 먹을 것이 풍부해지자 인구가 증가했어. 공동체의 단위가 커지고 어떤 무리는 더 많은 땅을 차지하기 위해 전쟁을 벌이는 등 다른 지역과의 접촉이 자주 일어났어. 이런 과정 속에 서로의 문화가 전파되었지."

 문화는 힘이 센 집단에서 힘이 약한 집단으로 퍼져 나가기 쉽대요. 전쟁에서 승리한 집단이 자신들의 생활 방식, 법, 제도 등을 따르도록 하니까요. 하지만 사람들이 섞여 살다 보면 서로 영향을 주고받기 마련이라 반대의 경우도 종종 일어난대요.

 그렇게 아프리카에서 유럽으로, 아시아에서 그리스로, 유럽에서 아메리카로 사람들이 이동하면서 불교나 기독교 같은 종교가 전파되고 음식과 음악 등도 전해졌어요. 현대에 와서는 서로 다른 여러 개의 문화가 섞여 새로운 문화가 되는 경우가 많은데 이런 것을 문화 융합, 즉 퓨전이라고 해요.

 "재즈가 퓨전 음악이라는 이야기를 들은 적 있어요. 아프리카의 민속 음악에 유럽의 클래식 음악이 섞여서 만들어진 거라고요."

 유카가 말했어요.

 "빵 대신 쌀밥을 사용해 만든 라이스 버거는 퓨전 음식 아닌가요? 쌀 케이크도 퓨전 음식인 것 같고, 떡볶이 위에 치즈 가루를 뿌려 먹는 치즈 떡볶이도 퓨전이에요."

맑음이도 질세라 알고 있는 퓨전 음식을 말했지요.

"퓨전 스포츠도 있어요! 아이스하키는 축구랑 스케이트가 합쳐져서 만들어진 경기예요. 그러고 보니 퓨전이 아닌 게 없는 것 같아요."

알리의 말에 사시나 선생님이 고개를 끄덕였어요.

"맞아, 사실 퓨전이라는 말을 쓰지 않고는 지금의 문화를 설명할 수 없는 정도야."

맑음이와 친구들이 얘기하는 동안 메아리소년단 노래를 부르며 춤을 췄던 아이들은 잠깐 목을 축이고 새로운 노래를 시작했어요. 이번에는 미국 빌보드 차트에서 1위를 했던 곡 〈다이내믹〉이었어요. 모두 같이 동작을 따라 하며 후렴구를 불렀어요.

문화의 속성

문화에는 공통의 속성이 있어요. 문화를 공유하고, 서로의 문화를 배우며, 한 세대에서 다음 세대로 전해지고 쌓이는 등 문화의 다양한 속성을 이해해요.

공유성

문화는 한 사회의 구성원들에게서 공통으로 나타나요. 우리나라의 경우 아이가 태어나 한 살이 되면 돌상을 차려 준다든지, 결혼식 때 축의금을 내고 폐백을 하는 등과 같이 비슷비슷한 생활 양식을 지키며 살아가지요.

변동성

문화는 시간이 흐르면서 계속 달라져요. 다른 문화와 만나면서, 인터넷처럼 새로운 기술이 개발되면서 문화는 자꾸자꾸 변해요. 예전에는 여가 시간에 윷놀이를 했다면 요즘에는 모바일 게임이나 비디오 게임을 하지요. 이처럼 문화는 계속 변해 왔고 앞으로도 변할 거예요.

축적성

문화는 부모에서 자식에게로 전해지며 부모가 가지고 있던 기존의 문화에 새로운 문화가 쌓여요. 고춧가루가 전해지기 전까지 우리나라 사람들은 배추를 소금에 절인 백김치를 먹었어요. 조선 시대에 고추를 재배하게 되면서 원래의 김치 양념에 고춧가루를 넣어 지금의 빨간 김치를 만들어 먹게 되었지요.

학습성

문화는 머리 색깔, 피부색, 눈동자 색깔처럼 타고나는 것이 아니라 학습하며 배우는 거예요. 인간은 문화를 가지고 태어나는 것이 아니라 학습할 능력을 가지고 태어나는 것이지요. 한국인은 한국어를 쓰고, 중국인은 중국어, 프랑스인은 프랑스어를 쓰는 건 태어나 자라면서 언어를 학습하기 때문이에요.

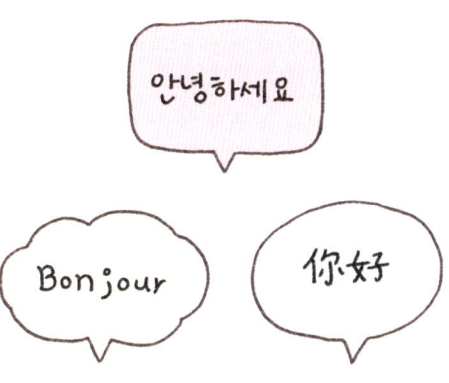

8장

자스민 할머니와의 작별

사람이 죽으면 땅에 묻거나 화장을 하는 등의 일을 장례라고 해요.
장례 절차는 각 사회의 문화와 종교에 따라 서로 달라요.

유난히 맑은 토요일 아침이었어요. 맑음이 엄마가 전화를 받더니 슬픈 표정으로 말했어요.

"맑음아, 자스민 할머니가 돌아가셨다는구나."

"자스민 할머니가요?"

맑음이는 엄마 말이 믿기지 않았어요. 자스민 할머니는 95세로 모두섬에서 나이가 가장 많았지만 늘 정정하셨거든요. 며칠 전까지만 해도 항구에서 뵀었고요. 자스민 할머니의 인자한 모습을 이제는 다시 볼 수 없다고 생각하니 마음이 아팠어요. 맑음이는 엄마, 아빠와 함께 자스민 할머니의 장례식에 참석하기로 했어요.

자스민 할머니는 모두섬 서쪽 마을의 언덕에 있는 커다란 이층집에서 아들인 자말 가족과 함께 살았지요. 엄마와 아빠는 검은색 옷을 찾아 입었어요. 맑음이도 검은색 바지에 검은색 티셔츠를 입었지요. 자스민 할머니의 집 앞에 도착하니 할머니 가족들은 이미 화장장으로 떠난 뒤였어요. 마당에 음식이 차려져 있었어요. 흰옷을 입은 사시나 선생님이 맑음이와 맑음이 엄마, 아빠에게 인사했어요.

"앞으로 10일 동안 상복을 입고 있을 거예요. 인도에서는 화장을 한 날부터 열흘이 지난 뒤 영혼이 완전히 떠난다고 믿거든요.

자스민 할머니의 가족은 화장이 끝나면 집으로 오실 거예요."

"돌아가시고 나면 바로 화장을 하는 겁니까?"

맑음이 아빠가 물어보았어요.

"힌두교를 믿는 인도 사람들은 가족이 죽으면 바로 화장을 해요. 힌두교에서는 몸을 빨리 태워야 영혼이 하늘로 올라갈 수 있다고 믿거든요. 원래는 갠지스강에 유골을 뿌리지만 여기는 인도가 아니니 바다에 나가 갠지스강 쪽을 향해 자스민 할머니의 유골함을 띄울 계획이라고 들었어요."

맑음이의 친구들도 하나둘 자스민 할머니 집으로 모여들었어요. 친구들 모두 자스민 할머니가 항구에 서서 배웅하면 어쩐지 안심이 되고 여행을 무사히 마치고 돌아올 수 있을 것 같은 기분이 들었다고 얘기했어요. 마오가 말했어요.

"모두섬에 처음 왔을 때 자스민 할머니가 머리를 따뜻하게 쓰다듬어 주시면서 딱 맞는 곳을 찾아왔다고 하셨어. 자스민 할머니 덕분에 모두섬이 단박에 좋아졌지. 사실 나는 모두섬으로 오는 내내 계속 울었어. 단짝 친구들과 떨어져 낯선 곳에 오는 게 정말 싫었거든. 물론 지금은 좋은 친구들을 많이 만났지만 말이야."

그러자 친구들이 동시에 얘기했어요.

"나한테도 자스민 할머니가 딱 맞는 곳에 왔다고 하셨어!"

"나한테도!"

맑음이는 자스민 할머니의 웃음소리가 떠올라 눈물이 날 것 같았어요. 맑음이가 훌쩍거리자 다른 친구들 눈에도 눈물이 맺혔어요. 그때 자스민 할머니의 아들 자말 아저씨가 웃으며 마당으로 들어왔어요.

"자말 아저씨는 슬프지 않나 봐."

맑음이가 속닥거리자 사시나 선생님이 얘기했어요.

"힌두교인들은 몸은 죽어도 영혼은 죽지 않는다고 생각해. 이 세상에서 사용한 몸은 껍데기일 뿐이야. 죽음으로 자유를 얻고, 다른 모습으로 태어날 것이기 때문에 슬퍼할 필요가 없지."

선생님 말을 듣고 마당에 모여 있는 섬 사람들을 둘러보자 모두 온화한 표정으로 두런두런 이야기를 나누고 있었어요. 하얀 커튼을 나무에 매달아 장식해 놓았고, 사시나 선생님처럼 흰옷을 입은 사람이 많았어요.

"흰옷을 입고 왔어야 하는 거예요?"

맑음이는 서양식으로 검은 옷을 입은 게 후회가 되었어요. 옛날에는 장례를 치를 때 흰옷을 입었다고 할머니께 들은 적이 있거든요. 사시나 선생님이 웃으며 대답했어요.

"인도에서는 하얀색을 깨끗한 시작을 위한 색으로 여겨. 자스

민 할머니의 영혼이 다시 태어날 테니까 흰색으로 꾸미는 거지."

 사시나 선생님의 얘기를 계속 듣다 보니 어쩐지 자스민 할머니의 영혼이 바로 옆에 있는 것 같은 기분이 들었어요. 슬펐던 마음이 조금 담담해졌지요. 밍마 아줌마는 티베트의 장례 문화를 이야기해 주었어요.

"티베트는 세계에서 가장 높은 고원 지대에 있어. 땅이 험하고 날씨는 건조하고 춥지. 땅을 파서 매장을 하기도 어렵고 나무가 귀해서 화장을 하기도 어려워. 그래서 하늘에 장사를 지내는 천장을 했어."

티베트 사람들은 사람이 죽으면 독수리가 먹도록 바위에 올려 두었는데, 독수리가 하늘로 날아가면 죽은 사람도 하늘로 올라간다고 생각했대요. 또 티베트 사람들은 자연을 신성한 존재로 여겨 사는 동안 다른 동물을 잡아먹었으니 죽은 뒤에는 자기 몸을 다른 동물의 먹이로 주는 것이 도리라고 믿었대요. 살아서 진 빚을 죽어서라도 갚는다고 생각했던 거예요. 맑음이는 언제나 밝게 웃으셨던 자스민 할머니의 모습을 떠올렸어요.

'자스민 할머니, 안녕. 훨훨 자유롭게 날아가시길 빌게요.'

맑음이는 자스민 할머니와 마음속으로 작별 인사를 했어요.

 똑똑똑 문화

문화유산이 된 세계의 무덤

유네스코에서는 인류를 위해 보호되어야 할 큰 가치가 있는 유물이나 유적을 세계 문화유산으로 정해 지켜요. 유네스코 세계 문화유산에는 무덤이 많아요. 옛날 사람들은 대부분 몸은 죽어도 영혼이 남는다고 생각했어요. 그래서 어떤 건축물보다 무덤을 웅장하고 화려하게 지었지요.

이집트의 피라미드

이집트 왕 파라오는 왕위에 오르자마자 피라미드를 짓기 시작했어요. 지금까지 남아 있는 피라미드 중 가장 규모가 큰 피라미드는 쿠푸 왕의 무덤이에요. 쿠푸 왕은 4,500여 년 전에 23년 동안 이집트를 다스렸지요. 쿠푸 왕의 대 피라미드는 바닥의 한 변 길이가 230미터, 높이는 147미터나 돼요. 200만 개 이상의 돌 블록이 사용되었고, 10만 명이 넘는 사람이 50년 동안 피라미드를 지었을 거라고 해요.

중국의 진시황릉

진시황은 중국 역사에서 처음으로 중국 전체를 통일해 진나라를 세운 황제예요. 70만 명이나 되는 사람이 10년 넘게 진시황릉을 짓는 공사를 했어요. 무덤 안에 궁전을 만들고 온갖 귀한 보석으로 채워 놓았다고 해요. 진시황릉에서 가장 유명한 병마용갱 안에는 실제 사람의 크기와 똑같은 흙으로 빚은 군사들이 줄지어 서 있어요. 6,000점이 넘는 군사의 모습과 표정이 제각기 다 다른데, 이렇게 군사를 만들어 같이 묻은 이유는 죽고 나서도 죽기 전의 생활을 그대로 이어 나간다고 생각했기 때문이에요.

인도의 타지마할

타지마할은 세계에서 가장 아름다운 무덤이자 가장 아름다운 건축물로 손꼽혀요. 지금으로부터 500여 년 전, 이슬람 왕국인 무굴 제국의 황제였던 샤자한이 너무나도 사랑했던 왕비 뭄타즈 마할을 기억하기 위해 만든 무덤이에요. 매일 2만여 명의 사람이 22년 동안 타지마할을 짓는 공사를 했어요. 천여 마리의 코끼리가 흰 대리석을 옮겼고, 다이아몬드, 수정, 터키석, 산호 등 온갖 보석을 세계 각지에서 사 왔어요.

9장
모두가 즐거운 놀이

옛날 아이들과 오늘날 아이들의 놀이 모습은 많이 달라요.
시대에 따라 놀이 문화가 변하기 때문이지요. 옛날 아이들은 산, 들, 강 등
바깥에서 놀았지만, 오늘날에는 실내에서 놀이하는 시간이 많아요.

신혼여행을 떠났던 할머니, 할아버지가 두 손 가득 선물을 들고 돌아오셨어요. 할머니는 여행 내내 맑음이와 맑음이 친구들이 결혼식에서 연주해 준 풍물놀이가 떠올라 흥이 났대요.

"첫 번째 결혼식보다 훨씬 더 즐겁고 기억에 남는 두 번째 결혼식이었어. 좋은 선물을 해 주고 싶어 새로운 곳으로 갈 때마다 선물 가게에 가장 먼저 들렀단다. 골라 온 선물이 맑음이 친구들 마음에 들지 모르겠구나."

맑음이는 도대체 어떤 선물인지 빨리 풀어 보고 싶었지만, 친구들과 같이 보려고 꾹 참았어요. 맑음이는 친구들을 집으로 불렀어요.

친구들을 기다리는 동안 엄마, 아빠가 먼저 선물을 풀어 보았어요. 엄마가 받은 선물은 '마트료시카'였어요. 붉은 꽃이 그려진 러시아의 전통 의상 '사라판'을 입고, 머리 장식인 '코코쉬닉'을 쓴 여자아이 모습의 인형이었지요. 큰 인형 안에 작은 인형이, 작은 인형 안에 더 작은 인형이 계속해서 나왔어요.

맑음이 엄마는 마치 아이처럼 재미있어 했어요. 맑음이 엄마는 마트료시카가 행운과 풍요를 상징한다며 식탁 옆 장식장에 올려 두었어요.

아빠가 받은 선물은 빨간색으로 칠해진 목각 말, '달라헤스트'

였어요. 달라헤스트가 행운을 가져온다고 믿는 스웨덴 사람들은 명절이 되면 나무에 말을 조각하고 예쁘게 장식해 선물한다고 해요. 겨울이 길고 추운 스웨덴에서 아이들을 위해 장난감으로 목각 말을 만들어 주던 것이 유행해 스웨덴을 대표하는 장식품이 되었대요. 가장 전통적인 '달라헤스트'의 모습은 아빠가 받은 것처럼 말 조각을 빨간색으로 칠하고, 하얀색, 녹색, 노란색, 파란색으로 마구가 그려진 거래요. 맑음이 아빠는 모두섬에 와서 나무를 깎아 새와 물고기 같은 장식품을 만드는 취미가 생겼어요. 언제부턴가 아빠의 꿈이 집에 자기만의 공방을 만드는 것으로 바뀌었지요.

"이번 명절에는 맑음이한테 달라헤스트를 만들어 줘야겠어요!"

아빠는 선물을 받고 엄마보다 더 신이 났어요. 유카가 가장 먼저 맑음이 집의 초인종을 눌렀어요. 유카는 친구들이 모두 모인

다는 얘기를 듣고 보드게임을 들고 왔지요. 알리와 마오, 수끼까지 도착하자 드디어 맑음이 할머니가 선물을 나누어 주었어요.

 맑음이가 가장 먼저 선물을 뜯어 봤어요. 인형 모양의 팽이였어요. 옛날부터 독일 아이들이 가지고 놀았던 팽이래요. 수끼가 받은 선물은 공중에서 돌리는 팽이였어요. 마오가 반갑다는 듯 설명해 주었어요.

 "이 팽이의 이름은 '콩주'야. 장구 모양으로 만든 속이 빈 대나무를 손잡이가 달린 끈으로 돌리는 거야."

마오가 양손에 손잡이를 잡고 휙휙 돌리자 장구 모양의 대나무가 돌아가면서 바람 소리가 났어요. 손잡이를 이리저리 돌리며 신기한 묘기까지 부렸지요. 친구들이 차례차례 콩주를 받아 줄을 잡고 돌렸어요. 요요처럼 휙휙 돌아가는 게 재미있었어요.

마오가 받은 선물은 한국의 전통 팽이인 말팽이였어요. 단단한 나무를 골라 윗부분은 평평하게, 아래는 뾰족하게 깎은 원뿔 모양의 팽이로, 쌀의 부피를 재는 도구인 말과 비슷하게 생겨서 말팽이라고 부른대요. 팽이의 뾰족한 부분엔 못이 달려 있어 채로 칠 때마다 잘도 돌아갔어요.

알리는 줄로 당겨 돌리는 브라질의 팽이를 선물로 받았어요. 유카는 던져서 돌리는 인도네시아의 팽이를 선물로 받았고요. 모두 마당으로 뛰어나가 어떤 팽이가 가장 오래 도는지 시합했어요.

"레디, 셋, 고우!"

다 함께 외치고 팽이를 동시에 땅에 놓았어요. 수끼도 공중에서 팽이를 돌렸고요. 팽이가 서로서로 부딪히며 비틀거리다가 튕겨 나가기도 하고 멈추기도 했어요. 유카의 팽이가 가장 끝까지 빙글빙글 돌았어요. 유카가 환호성을 질렀지요.

할머니, 할아버지는 맑음이와 맑음이 친구들이 팽이를 가지고 노는 모습을 흐뭇하게 지켜봤어요. 할아버지가 말씀하셨어요.

"나 어렸을 때는 하루 종일 친구들하고 골목을 뛰어다니면서 놀았어. 비사치기, 자치기, 땅따먹기 같은 걸 하다 보면 금방 해가 지는 거야. 밖에서 노니까 좋지?"

"네, 너무 재밌어요! 할아버지, 그런데 비사치기가 뭐예요?"

맑음이가 묻자 맑음이 할아버지가 마당을 기웃거리다가 화단 가장자리를 꾸며 놓은 손바닥만 한 돌멩이를 가지고 왔어요. 돌멩이를 세워 두고 뒤로 한참 물러나 선을 그었지요.

"마음에 드는 돌멩이를 하나씩 들고 와서 저기 세워 놓은 돌을 쳐서 쓰러뜨리는 거다. 돌을 쓰러뜨리는 사람이 이기는 게임이야."

할아버지의 설명을 듣고 맑음이와 친구들 모두 각자 신중하게 돌멩이를 골라 왔어요. 선 뒤에 서서 차례로 돌멩이를 던졌지요. 처음에는 누구도 세워 놓은 돌을 맞히지 못했어요. 할아버지가 던진 돌멩이만 세워 놓은 돌 바로 앞에 떨어졌지요. 차례를 앞다투며 다시 돌멩이를 던졌어요. 돌은 흔들거리기만 하고 쉽게 쓰러지지 않았어요. 아빠가 나섰어요.

"맑음이만 할 때 아빠가 야구를 좀 했었지. 어디 한번 던져 볼까?"

아빠는 팔을 여러 번 휘돌리더니 진짜 야구 선수처럼 한쪽 다리를 길게 빼고 돌멩이를 던졌어요. 딱 소리가 나며 드디어 돌이 쓰러졌어요.

"우아! 다시 해 봐요, 다시요!"

맑음이 친구들이 소리쳤어요. 이번에는 팀을 나눠서 시합하기로 했어요. 1라운드는 팽이 시합, 2라운드는 비사치기, 진 팀은 이긴 팀을 업어 주기로 했어요. 시원한 바람이 솔솔 불어와 밖에서 놀기 좋은 날씨였어요. 맑음이와 친구들은 할아버지가 어린 시절 그랬던 것처럼 해가 꼴딱 넘어가 깜깜해질 때까지 밖에서 놀았어요.

 똑똑똑 문화

세계의 전통 놀이

오랫동안 대대로 그 지역에서 전해 내려온 놀이를 전통 놀이라고 해요. 전통 놀이에는 그 지역의 생활 모습과 자연환경이 담겨 있어요.

일본의 다루마오토시

다루마오토시는 '달마'를 뜻하는 '다루마'와 '떨어뜨리다'라는 뜻의 '오토시'가 합쳐진 말이에요. 블록을 차례로 쌓아 놓고 장난감 망치로 아래 블록부터 빼내는 게임이지요. 가장 윗부분의 얼굴이 떨어지지 않게 아랫부분을 쳐야 해요. 다루마오토시의 얼굴 그림은 달마 대사라고 하는데, 일본에서 다루마는 오뚝이처럼 넘어져도 다시 일어나는 인내와 노력의 상징이에요. 시험을 앞둔 수험생이나 가게를 연 사람에게 다루마를 선물하는 전통이 있어요.

베트남의 냐이 삽

우리나라의 고무줄놀이와 비슷한 놀이로, 고무줄 대신 대나무를 뛰어넘는 놀이예요. 대나무를 양손에 들고 땅에서 움직이면, 대나무 가운데에 선 사람은 박자에 맞춰 뛰면서 대나무를 피해요.

가나의 오와레

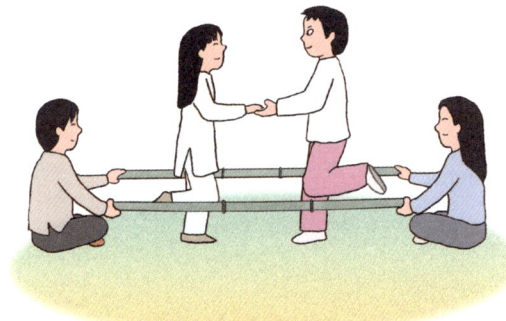

길고 납작한 나무에 12개 정도의 둥근 원을 오목하게 파낸 뒤, 나무를 파낸 곳에 씨앗이나 유리구슬을 넣고 서로 뺏는 놀이예요. 다양한 게임 규칙이 있는데, 각 칸에 씨앗을 4개씩 넣고, 돌아가면서 씨앗을 옮긴 뒤 다시 4개가 되면 씨앗을 가져가요. 먼저 더 많은 씨앗을 모은 사람이 이기게 되지요. 수메르인들이 발명해 고대 이집트 시대부터 즐겼던 게임이라고 해요.

10장
신나는 축제를 즐겨요

개인 또는 공동체에 특별한 의미가 있는 날을 기념하기 위해 축제를 열어요. 이제는 전 세계 사람들이 서로의 축제를 찾아가 함께 즐기는 경우가 많아요.

모두섬에 사람이 들어와 살기 시작한 지 만으로 5년이 되었어요. 모두섬 5주년 생일을 기념해 모두섬 중앙의 시청에서 전시회가 열렸어요. 모두섬 시민들이 직접 찍어 온 각 나라의 축제 영상을 상영하는 전시회였지요. 모두섬의 시장 밍마 아줌마는 전시회장으로 들어가는 입구에 서서 바구니를 하나씩 나누어 주었어요. 바구니 안에는 물뿌리개와 토마토가 들어 있었어요. 바구니에는 '서로의 문화를 이해하는 모두섬 축제'라고 쓰인 리본이 달려 있었어요.

전시회장으로 들어가니 각 축제 영상이 여러 곳에서 동시에 상영되고 있었어요. 사람들은 자리를 옮겨 다니며 관심 있는 축제 영상을 구경했지요. 맑음이와 친구들은 먼저 태국의 송끄란 축제를 봤어요.

송끄란 축제는 태국에서 가장 더운 달인 4월에 서로에게 물을 뿌리며 즐기는 물 축제래요. 태국의 전통 새해가 시작되는 것을 기념해 열리며 태국에서 가장 중요하게 여기는 축제라고 해요. 더위를 식히는 한편 이어질 우기에 비가 풍부하게 내려 한 해 농사가 잘 되길 기원해요. 또 태국이 불교 국가인 만큼 송끄란 축제 기간에 불교와 관련된 여러 행사를 열어요. 불상을 물로 씻는 의식, 모래탑 쌓기, 잡은 물고기나 새를 놓아주는 방생 행사 등이 열린대요.

  맑음이는 감탄하면서 송끄란 축제를 구경했어요. 전통 의상을 입은 여자들이 길에 물을 뿌리며 화려한 불상과 함께 행진했어요. 그 뒤를 수많은 사람이 따라갔어요.

"송끄란 축제 때에는 가족이 한자리에 모여 새해맞이 준비를 합니다."

축제를 설명하는 수끼의 목소리가 스피커에서 흘러나왔어요.

"수끼다! 이렇게 들으니 목소리가 멋져."

수끼는 쑥스러워 고개를 숙이면서도 자랑스러운 표정을 지었어요.

"이제 제일 신나는 행사를 시작할 거예요."

수끼의 말이 끝나기 무섭게 누군가 물총으로 사람들에게 물을 뿌리는 화면이 나왔어요.

"얍!"

앞니가 빠진 귀여운 꼬마였어요. 송끄란 축제 때에는 축복의 의미로 서로에게 물을 뿌려요. 행운을 빌어 주고 지나간 불행을 씻어 주는 의미라고 해요. 꽃잎이나 허브를 띄워 놓았던 물을 쓰기 때문에 물에서 향기가 나요. 송끄란 축제 영상이 끝나자 방송이 나왔어요.

"아아, 잘 들리시나요? 나눠 드린 물뿌리개로 서로에게 물을 뿌려 주세요. 딱 한 번씩입니다."

밍마 아줌마의 목소리였어요. 맑음이는 이때다 하고 친구들에게 물을 뿌렸어요. 물에서 은은한 꽃향기가 나 시원하고 기분이

좋았어요.

"복 많이 받아!"

맑음이가 말하자 친구들이 따라 말하며 맑음이에게 물을 뿌렸어요. 그때 어디선가 환호성이 울렸어요.

"퍽."

무언가 부딪혀 터지는 소리가 들렸어요. 반대쪽에서 수많은 사람이 붉은 토마토를 던지며 즐거워하는 영상이 상영되고 있었어요. 맑음이와 친구들이 달려갔어요.

"토마토 축제다! 나도 언젠가 스페인에 가서 꼭 참여할 거야."

영상에서 단단한 토마토는 맞으면 아프니까 잘 익은 토마토를 으깨서 던지는 게 토마토 축제의 규칙이라고 했어요. 스페인의 토마토 축제는 토마토 값이 엄청나게 떨어지자 분노한 농민들이 시의원을 향해 토마토를 던진 사건에서 유래했대요. 지금은 어마어마한 양의 토마토를 거리에 쏟아 놓고 마을 주민과 관광객이 서로에게 토마토를 던지며 즐기는 축제로 바뀌었어요. 이 축제를 즐기러 전 세계에서 관광을 와요. 토마토 축제 영상이 상영되는 브라운관 옆 벽에는 흰 종이가 붙어 있었어요. 먼

저 온 사람이 벽에 던져 으깨진 토마토를 맑음이가 밟았어요.

"정말 던지는 걸까?"

맑음이가 갸우뚱거리며 묻자 알리가 들고 있던 토마토를 벽으로 던졌어요. 토마토가 터지며 붉은 물이 사방으로 튀었어요.

"빨리 던져 봐. 재미있어."

알리가 친구들을 재촉했지만 친구들 모두 던지지 않고 머뭇거렸어요.

"배고파. 그냥 이따가 나가서 먹을래."

마오가 말하자 다들 토마토를 던지지 않고 먹겠다고 했어요. 주위를 둘러보니 토마토를 던지기보다 베어 먹는 사람이 더 많았어요. 알리가 중얼거렸어요.

"나도 배고픈데 괜히 던졌나 봐."

맑음이가 알리에게 토마토를 건넸어요.

"이따 반으로 나눠 먹자."

"역시 맑음이가 최고!"

알리는 금세 기분이 좋아졌어요. 그때 방송이 나왔어요.

"모두섬 시민 여러분, 바닷가로 모여 주세요."

안내 방송에 따라 모두들 바닷가로 갔어요. 깜깜한 바닷가에 알록달록 화려하게 불을 밝힌 등이 수없이 많이 걸려 있었어요.

"유등 축제를 시작하려나 봐!"

맑음이와 친구들이 시민들에게 미리 준비한 유등을 나누어 주었어요. 유등 속 초에 불을 붙이자 등이 환해지면서 바닷가가 화려한 불빛으로 물들었어요.

"지금부터 한국의 남강 유등 축제를 시작하겠습니다. 모두국제학교 어린이들이 애를 많이 써서 준비했으니, 모두 박수쳐 주세요."

밍마 아줌마가 말하자 모두섬 시민들이 환호성을 지르며 박수를 쳤어요. 맑음이와 친구들은 뿌듯했어요. 사시나 선생님과 함께 지난 사흘 동안 유등을 만들었거든요.

진주 남강 유등 축제는 조선 시대 때, 진주성을 침략한 일본군이 남강을 건너지 못하도록 유등을 띄운 데에서 시작되었대요. 진주 사람들은 임진왜란 때 목숨을 바쳤던 사람들의 넋을 위로하기 위해 전쟁이 끝난 뒤 다시 남강에 유등을 띄웠고, 이 전통이 지금까지 이어지고 있어요. 한국의 대표적인 축제 중 하나지요.

"자, 모두 불을 밝혔죠? 그럼 마음속으로 소원을 빌면서 등을 물에 띄워 주세요."

사람들은 눈을 감고 소원을 빌며 등을 바다에 띄웠어요. 유등이 흔들리며 바다로 나아갔어요. 그 모습이 정말 아름다웠지요.

"사람들이 축제를 좋아하는 이유가 뭘까?"

마오가 유등을 바라보며 친구들에게 물었어요.

"일단 볼거리가 많잖아. 신나고."

맑음이가 말했어요.

"음, 쌓였던 스트레스가 풀리기도 하고."

수끼도 말했어요.

"맞아. 그런데 축제는 단순한 놀잇거리 이상인 것 같아. 그 지역의 역사와 삶의 방식을 이해하는 데 도움이 되잖아."

마오의 얘기를 듣고 고개를 끄덕이던 맑음이가 말했어요.

"오, 사시나 선생님 같은데?"

친구들이 모두 와하하 웃었어요.

"커서 대학에 가기 위해 다른 곳으로 떠나더라도 모두섬이 몹시 그리울 거야."

"나도 그래. 모두섬만큼 아름다운 섬은 세상 어디에도 없을 테니까."

알리도 이렇게 말하며 먼 바다로 흘러간 자신의 유등을 바라봤어요.

세계의 축제

세계의 사람이 가지각색 다양한 만큼 별난 축제가 많아요. 축제는 지역 주민이 모여 소원을 빌고 기쁨을 나누는 문화 행사이기 때문에 그 지역의 자연환경이나 산업, 전통문화 등의 특성이 담겨 있어요.

하와이의 알로하 축제

'알로하'는 만날 때와 헤어질 때 나누는 하와이 사람들의 인사말이에요. 알로하 축제는 1946년부터 시작해 매년 9월에 열려요. 폴리네시아의 전통 음악과 춤, 예술, 음식 등을 선보이지요. 이 축제의 하이라이트는 화려한 꽃차 행렬인데 축제의 마지막 주 토요일에 펼쳐진답니다.

스위스의 질베스터클라우젠

새해를 맞이하는 축제로, 성 니콜라스로 분장한 사람이 집집마다 돌아다니며 방울을 울리고 노래를 불러요. 성 니콜라스가 바로 산타클로스지요. 마을 사람들은 각각 다른 모습의 성 니콜라스 분장을 하는데, 무서운 얼굴, 예쁜 얼굴, 수풀과 나무와 같은 모습의 가면을 쓴답니다.

브라질의 리우 카니발

세계적으로 유명한 브라질의 축제예요. 브라질의 리우데자네이루에서 매년 2월 말부터 3월 초 사이에 열려요. 리우 카니발은 포르투갈에서 브라질로 건너온 사람들의 사순절 축제와 아프리카 노예들의 전통 춤이 합쳐져서 생겨났어요. 축제 기간 내내 사람들은 삼바 춤을 추고 삼바 음악에 맞춰 노래를 불러요. 브라질에는 리우 카니발의 퍼레이드를 준비하기 위한 삼바 학교가 여러 개 있대요.

페루의 태양제

'인티 라이미'라고 부르는 잉카 고유의 축제로 매년 6월, 한 해 동안 농작물을 자라게 해 준 태양에 감사하며 풍년을 기원하였던 축제예요. 잉카 사람들의 자연 친화 사상과 태양에 대한 숭배 사상을 알 수 있지요. 안데스산맥 여기저기에 흩어져 살던 사람들이 전통 의상을 입고 과거 잉카 제국의 수도 쿠스코에 모여 축제를 즐겨요.

추천의 글

　모두가 평화롭게 어울리며 사는 섬, 모두섬에 오신 여러분들을 환영합니다.
　인류가 살고 있는 행성 지구는 점점 작아지고 있어요. 크고 넓은 행성이라고 생각했지만, 교통과 통신이 발달하면서 먼 나라에 살고 있는 사람들과도 아주 아주 가깝게 지낼 수 있게 되었지요. 지구 반대편에 살고 있는 친구와 영상 통화를 할 수도 있고, 세계 여러 나라에서 같은 영화가 동시에 개봉되기도 해요. 지구 어느 곳에서 일어난 지진 때문에 함께 마음 아파하기도 하고, 사는 곳이 달라도 BTS의 노래를 들으며 함께 즐거워하죠.
　점점 작아지는 지구 행성에서 우리는 서로 다르게 살고 있는 많은 사람들을 만나게 될 거예요. 같은 동네에 살고 같은 학교에 다니는 친구들이 모여서 이야기를 나누어도 집집마다 살아가는 모습이 다른데 지구 곳곳에 흩어져서 살고 있는 사람들이 모이면 서로서로 얼마나 다르겠어요? 이럴 때 꼭 기억해야 할 것이 있지요. 그건 사람들이 살아가는 방식은 정말 여러 가지라는 것이랍니다. 그중에 어떤 것이 최고일까요? 이 책 내용에 비추어 생각해 볼까요?
　맞아요, 최고는 따로 없답니다. 어쩌면 모든 문화가 최고라고 할 수 있겠네요. 서로가 서로를 깊이 이해하면서 좋은 친구, 좋은 이웃으로 살아가는 맑음이와 그 친구들이 부러워지지 않았나요? 모두섬 이야기를 읽고 나면 세계의 여러 문화에 대해 깊이 있게 이해할 수 있어요. 다른 사회의 문화를 이해하는 것은 너무 어렵지 않냐고요? 걱정하지 마세요. 서로의 문화를 알아가는 건 진짜 재미있는 일이니까요!

모두섬 여행을 방금 마친 박현희 선생님이

여기는 모두섬 문화 용어를 배웁니다

아시아 동반구의 북부에 있으며 유럽주와 함께 유라시아 대륙을 이뤄요. 남북은 인도네시아에서 시베리아, 동서는 일본에서 터키 및 아라비아에 걸치는 지역이에요. 아시아 인구는 세계 인구의 절반이 넘어요.

그린란드 대서양과 북극해 사이에 있는 세계에서 가장 큰 섬이에요. 덴마크령이며, 주민은 대부분 이누이트예요.

열대 우림 기후 적도를 중심으로 남북의 위도 10도 사이에 분포하는 기후예요. 가장 다습한 기후로 연 강수량이 2,000mm가 넘어요. 연평균 기온이 26~28°C로 기온의 연교차가 거의 없고 매일 오후에 스콜이라고 부르는 세찬 소나기가 내려요.

건조 기후 비 오는 양이 자연으로 증발하는 양보다 적은 지방의 건조한 기후예요. 중위도 고압대의 대륙 중앙부에서 볼 수 있으며, 초원 기후와 사막 기후로 나눠요.

온대 기후 사계절의 변화가 뚜렷한 온대 지방의 기후로, 중위도에 위치하기 때문에 여름에는 저위도의 열대·아열대 지방과 비슷하게 덥고, 겨울에는 고위도의 한대 지방과 차이가 없을 정도로 추워요. 우리나라가 온대 기후 지역에 속해요.

냉대 기후 북반구의 온대와 한대 사이에 발달하는 기후예요. 겨울이 길고 추우며, 여름은 짧으나 기온이 상당히 높아 기온의 연교차가 매우 커요.

한대 기후 시베리아와 알래스카 북부 등 일 년의 대부분이 눈과 얼음으로 덮여 있는 북극해 연안의 넓은 벌판인 툰드라 지역과 영구 동토 지역에 나타나는 기후예요. 가장 따뜻한 달의 평균 기온이 10°C 이하이며, 나무가 자라지 않아요.

적도 위도의 기준이 되는 선으로, 지구의 남북 양극으로부터 같은 거리에 있는 지구 표면에서의 점을 이은 선이에요.

비건 채소, 과일, 해초 따위의 식물성 음식 이외에는 아무것도 먹지 않는 철저하고 완전한 채식주의자를 말해요.

이슬람교 아라비아의 예언자 무함마드가 창시한 세계 3대 종교의 하나예요. 유일신 알라를 믿어요. 성지 메카를 중심으로 아시아, 아프리카, 유럽 등에 널리 퍼졌어요.

유대교 모세의 율법을 기초로 기원전 4세기경부터 발달한 유대인의 민족 종교예요. 유일신 여호와를 믿어요.

힌두교 인도의 토착 신앙과 브라만교가 합쳐져 만들어진 종교예요. 구원에 이르는 세 가지 길로 공덕, 지혜, 봉헌을 들고 있으며 카스트 제도로 신분을 나누어요.

여권 외국을 여행하는 사람의 신분이나 국적을 증명하고 상대국에 그 보호를 의뢰하는 문서예요.

난민 인종, 종교 또는 정치적, 사상적 차이로 인한 박해를 피해 외국이나 다른 지방으로 탈출하는 사람들을 말해요.

난민 캠프 전쟁이나 재난 따위를 당한 사람들이 야외에서 천막을 치고 일시적으로 하는 생활이나 그런 생활을 하는 곳을 뜻해요.

인종 인류를 지역과 신체적 특성에 따라 구분한 종류로 백인종, 황인종, 흑인종이 대표적이에요.

민족 일정한 지역에서 오랜 세월 동안 공동생활을 하면서 언어와 문화상의 공통성에 기초하여 역사적으로 형성된 사회 집단이에요.

계급 일정한 사회에서 신분, 재산, 직업 따위가 비슷한 사람들로 형성되는 집단이나 그렇게 나뉜 사회적 지위를 말해요.

세대 같은 시대에 살면서 공통의 의식을 가지는 비슷한 연령층의 사람들로, 생물학적으로는 아이가 성장해 부모의 일을 이어받는 30년 정도의 기간을 가리켜요.

유전 부모가 가지고 있는 형질이 자손에게 전해지는 현상이에요.

소수 민족 다민족 국가에서 지배적 세력을 가진 민족에 비교하여 상대적으로 인구수가 적고 언어와 관습 따위를 달리하는 민족이에요.

이민자 자기 나라를 떠나 다른 나라로 이주하여 사는 사람이에요.

라마단 이슬람력의 아홉 번째 달로 천사 가브리엘이 무함마드에게 『쿠란』을 가르친 신성한 달로 여겨요. 약 한 달 동안 해가 뜰 때부터 질 때까지 모든 음식과 흡연 따위를 금해요.

방생 사람에게 잡힌 물고기나 새, 짐승 따위를 산이나 물에 놓아서 살려 주는 일이에요.

브라만교 고대 인도에서, 브라만 계급을 중심으로 『베다』를 근본 경전으로 하여 발달한 종교예요.

카스트 인도 특유의 세습적 신분 계급 제도로 크게 승려 계급인 브라만, 귀족과 무사 계급인 크샤트리아, 평민인 바이샤, 노예인 수드라 계급으로 나뉘어요. 현재는 2,500종 이상의 카스트와 부카스트가 있어요.

관습 어떤 사회에서 오랫동안 지켜 내려와 굳어진 전통적 행동 양식이나 습관을 말해요.

법률 국가의 강제력을 수반하는 사회 규범으로, 사회의 정당한 정치 권력이 그 사회의 정의 실현 또는 질서 유지를 위하여 정당한 방법으로 제정하는 강제적 사회생활 규칙이에요.

다문화 한 나라나 사회 안에 여러 민족의 문화적 요소가 섞여 있는 것을 말해요.

문화 상대주의 인류 문화는 일원적으로 진화

하는 것이 아니라 제각기 독자적인 방향으로 발전하기 때문에 그 우열을 가릴 수 없다고 보는 견해나 관점이에요.

기본 권리 국민이 누릴 수 있는 기본적인 권리로 헌법을 통하여 보장되며, 자유권, 참정권, 사회권 따위가 있어요.

전족 중국의 옛 풍습의 하나로 여자의 엄지발가락 이외의 발가락들을 어릴 때부터 발바닥 방향으로 접어 넣듯 힘껏 묶어 헝겊으로 동여매어 자라지 못하게 한 일이나 그런 발을 말해요.

악습 나쁜 버릇이나 관습이에요.

야만 문명의 정도가 뒤떨어지고 미개한 상태를 말해요.

자문화 중심주의 자기가 속한 집단의 문화만 우월하고 다른 집단의 문화는 열등하다고 보는 태도나 관점이에요.

전통 어떤 집단이나 공동체에서 사상이나 관습, 행동 따위가 계통을 이루어 현재까지 전해진 것이에요.

색소폰 벨기에의 악기 제작자 색스가 1846년에 발명한 세로로 부는 목관 악기로, 18~20개의 음전과 단엽 리드를 가지고 있으며 부드럽고 감미로운 음을 내요.

마두금 몽골의 민속 악기의 하나로 몸통 위쪽 끝에 말 머리 장식이 있는 두 줄의 현악기예요. 독주, 합주, 또는 노래의 반주에 쓰여요.

문화 융합 둘 이상의 문화가 합쳐져 완전히 새로운 제3의 문화가 나타나는 일.

유네스코 국제 연합 전문 기구의 하나로 교육, 과학, 문화 부문의 국제 협력을 도모함으로써 세계 평화에 기여하는 것을 목적으로 해요. 모든 사람을 위한 평생 교육, 인류에 기여하는 과학, 세계 유산 보호와 창의성을 바탕으로 하는 문화 발전 등을 위해 활동해요. 1946년에 창설되었으며, 본부는 프랑스 파리에 있어요.

유네스코 세계 문화유산 세계 유산 협약에 따라 유네스코에서 인류 전체를 위하여 보호해야 할 보편적 가치가 있다고 인정한 문화유산이에요.

피라미드 돌 또는 벽돌을 쌓아 만든 사각뿔의 건축물로 기원전 2,700년에서 기원전 2,500년 사이에 이집트, 수단, 에티오피아, 라틴 아메리카 등에서 주로 왕이나 왕족의 무덤으로 만들어졌어요.

풍물놀이 농촌에서 농부들이 나발, 징, 꽹과리, 북 따위를 치거나 불며 하는 우리 고유의 음악이나 그 음악에 따른 민속놀이예요. 노래하고 춤추며 때로는 곡예를 곁들이기도 해요.

명절 전통적으로 그 사회 대부분의 사람들이 해마다 즐기고 기념하는 날로 우리나라에는 설날, 대보름날, 단오, 추석 따위가 있어요.

자치기 짤막한 나무토막을 긴 막대기로 쳐서 날아간 거리의 멀고 가까움으로 승부를 겨루는 놀이예요.

여기는 모두섬 문화를 배웁니다

펴낸날 초판 1쇄 2021년 12월 20일 | 초판 2쇄 2022년 10월 7일

글 이창숙 | **그림** 국민지 | **감수** 박현희
편집 박유경 | **디자인** 김윤희 | **홍보마케팅** 배현석 송수현 이상원 | **관리** 최지은 이민종
펴낸이 최진 | **펴낸곳** 천개의바람 | **등록** 제406-2011-000013호 | **주소** 서울시 영등포구 양평로 157, 1406호
전화 02-6953-5243(영업), 070-4837-0995(편집) | **팩스** 031-622-9413 | **도판** Shutterstock

ⓒ이창숙·국민지, 2021 | ISBN 979-11-6573-215-8 73300

* 이 책은 저작권법에 따라 보호받는 저작물이므로 무단전재와 무단복제를 금지하며,
  이 책 내용의 전부 또는 일부를 이용하려면 반드시 저작권자와 천개의바람의 서면 동의를 받아야 합니다.

* 잘못 만든 책은 구입하신 서점에서 바꾸어 드립니다. 천개의바람은 환경을 위해 콩기름 잉크를 사용합니다.
* 종이에 베이거나 긁히지 않도록 조심하세요. 책 모서리가 날카로우니 던지거나 떨어뜨리지 마세요.

제조자 천개의바람 **제조국** 대한민국 **사용연령** 10세 이상